KANA'S STANDARD

スタイリスト佐藤かなの
簡単に作れて、とことん使える日常着

文化出版局

はじめに

　子どものころ、母はよく私や妹の服を作って
くれました。小さな私は母の傍らでその作業を
見るのが好きで、単調なミシンの音も私にとっ
ては耳触りのよい音楽でした。やがて私自身も
針と糸に興味を持ちはじめ、いつしか自分でも
お裁縫をするようになっていました。

　現在はスタイリストという仕事をしています
が、これまでにしてきた洋裁の勉強は家庭科の
授業のみ。一方で仕事柄、すてきな服に触れ
る機会がたくさんあり、それらは私の手作り欲
によい刺激を与えてくれるのです。

　この本では、そんな「お裁縫が趣味のスタイ
リスト」の目線で、とても簡単なのにかわいい
服たちをたくさんご紹介します。ミシンは友達。

佐藤かな

CONTENTS

はじめに
p.3

MY STANDARD
p.6

A
TOPS & ONE-PIECE

A-a
フリルつきトップス
p.8, 58

A-b
シンプルワンピース
p.10, 61

A-c
赤いドレス
p.12, 62

A-d
ショルダーギャザーワンピース
p.14, 66

A-e
レースつきブラウス
p.15, 64

A-f
リボンつきチェックワンピース
p.16, 67

B
PANTS

B-a
白いパンツ
p.22, 68

B-b
花柄ショートパンツ
p.24, 71

B-c
タックパンツ
p.25, 72

B-d
オールインワン
p.26, 74

B-e
ウール8分丈パンツ
p.28, 73

B-f
サスペンダーパンツ
p.30, 76

C
SKIRT

C-a
ストライプタックスカート
p.36, 77

C-b
ピンクスカート
p.37, 80

C-c
ロング巻きスカート
p.38, 82

C-d
幾何学柄スカート
p.39, 81

C-e
リボンつきスカート
p.40, 84

C-f
タフタミニスカート
p.42, 86

C-g
リバーシブルスカート
p.43, 87

D
CAMISOLE

D-a
キャミソールドレス
p.48, 88

D-b
ドットキャミソール
p.50, 91

E
GOUN

E-a
W ガーゼガウン
p.52, 92

E-b
ウールガウン
p.54, 94

E-c
ショートガウン
p.55, 95

「私は、こう着る！」
佐藤かなのおしゃれ計画

A TOPS & ONE-PIECE STYLE
p.18

B PANTS STYLE
p.32

C SKIRT STYLE
p.44

D, E CAMISOLE & GOUN STYLE
p.56

HOW TO MAKE

p.57

MY
STANDARD

好きに作って、好きに着る

　私はシンプルな服が好きです。この本でも「シンプルなつくりだけれど見栄えがして、しかも着回しが利いてとても便利」というものを提案しています。

　まずデザインがシンプル。ファスナーやボタンつけもなく作り方もシンプル。パターンだってたった5種類しかなく、丈の長さを変えたり、ベルトをつけたり、布地を変えたり、とアレンジももちろんシンプル。これらは、私のソーイングスタイルに基づいています。思い立った時にさっととりかかり、扱いやすい布地を使って、難しい作業はせずにパパッと完成。そしてコーディネートしだいで変幻自在、というのがシンプルなお洋服の持つ強みです。幾通りもの可能性があります。

　また、せっかく作った服ですから、できるだけたくさん着てもらえたらいいなと思い、服の作り方だけでなく着回しのスタイルもいくつか紹介しています。大ぶりなアクセサリーや帽子は、それだけで顔回りが華やぎ、コーディネートに箔がつきますし、靴を変えるだけでも全体の印象はガラリと変わります。1枚で着たり重ね着をしたりすれば季節を問わず活躍してくれるアイテムも多数あります。

　服の形も着こなしも、自分らしく自由にどんどんアレンジしてもらえたらうれしいです。どうか、愛情込めて作った服たちを一年中思う存分楽しんで着られますように。

A ゆったりシルエットで、ニュアンスを楽しむ

TOPS & ONE-PIECE
トップス＆ワンピース

身幅をたっぷりとったドロップショルダーは肩を華奢に、程よくあいた衿ぐりは鎖骨と首もとをすっきりきれいに見せてくれます。ファスナーやボタンもなく、袖つけもとても簡単。ストンと着ることができて、ニュアンスのあるドレープが出ます。丈をのばしてチュニックやワンピースにしたり、袖の長さを変えたりとバリエーションは無限大です。

A-a

フリルつきトップス
how to make ▶ p.58

丈を短くアレンジしたトップスは、共布で作った袖のフリルがポイント。シンプルながらも立体的なディテールを加えることで、ひときわ存在感のあるアイテムに。こっくりしたあずきミルク色で大人のかわいさを演出。

A-b

シンプルワンピース
how to make ▶ p.61

このパターンの基本型。季節も年齢も問わず着られるシンプルワンピースです。ふわりと1枚で着てもさまになりますが、合わせるアイテムしだいでその表情は変幻自在。自分らしさを出せる自由なコーディネートを楽しんでもらえたら、と思います。

A-c

赤いドレス

how to make ▶ p.62

真っ赤なリネンを思いきってワンピースに仕立てました。袖を短くして、ロールアップベルトとボタンをつけてひとくせプラス。前身頃に加えた前立て風のパーツもワンポイントになっています。1枚でさらりと着られる主役アイテムです。

A-d

ショルダーギャザーワンピース
how to make ▶ p.66

さわやかで伝統的なソレイアードの布地を使ったワンピース。落ち着いた色合いの総柄に、同系色のリボンで肩にギャザーを寄せてアクセントに。ふんわりと体が泳ぐリラックスシルエットは、体型カバーにもひと役買ってくれます。

A-e

レースつきブラウス
how to make ▶ p.64

ネックラインに黒いテープを、袖と裾には上品なレースをあしらったデザインで、シックなおめかし感を出しました。袖口ではなく、肩にレースを挟み込むことで印象的な表情に。発色のよいピスタチオ色で顔映りもぐんと引き立ちます。

A-f

リボンつきチェックワンピース
how to make ▶ p.67

着心地のよい、軽いガーゼ素材でリラックス。共布でリボンを作って前で結び、シルエットの変化を楽しめるようにアレンジしました。スタンダードなチェック柄ですが、細いラメ糸がぴりりとスパイスに。

「私は、こう着る！」
佐藤かなのおしゃれ計画

A TOPS & ONE-PIECE STYLE

素材や着丈を変えることで自由度の高いアレンジが楽しめるパターンです。身幅がゆったりしているので重ね着しやすく、一年中大活躍すること間違いなしの万能アイテム。時にはカジュアルに、時にはシックに。普段着からおめかしまで様々なシーンで使い分けられると思います。ベルトでブラウジングするスタイルは特におすすめ。シルエットに豊かな表情が出ます。

TOPS & ONE-PIECE STYLE

〈style〉01
ホームスパンのリネンローブワンピースをはおって大人っぽく。ベルトをゆるく結んでポイントに。足もとに黒のマニッシュ靴をプラスすれば、同系色のレイアードコーデをぐっと引き締めます。

〈style〉02
赤いドレスにグレーのリブタートルとデニムを合わせて、カジュアルなスタイルに仕上げました。グレー、赤、青、黒のベーシックカラーを合わせることで、スタンダードな統一感を演出。

〈style〉03
フリルトップス×ジャストサイズのデニムの甘辛ミックスコーディネート。デニムの裾をブーツインしてマニッシュな印象に。ガーリーを軸に大人の洗練されたイメージも演出できます。

〈style〉04
ガーゼ素材のワンピースに、ファーの帽子、厚手ストール、ニットレギンスの冬小物たちを一堂に投入。上質なリラックス感満載で、大人のあったかスタイルの完成です。ほっこり、あったか。

〈style〉05
レースつきブラウスに個性的なシルエットのバギーパンツを合わせました。デニム素材を選べば、レディライクなトップスを程よくカジュアルダウンして着こなせます。足もとは白い靴ですっきりと。

〈 style 〉 06
B-aの白いパンツをレースつきブラウスに合わせました。ベーシックカラー×ピスタチオカラーがとてもきれいです。ファーキャップと手触りのよい大判ストールで、秋冬スタイルの完成。

〈 style 〉 07
しっとり大人っぽい同系色コーディネート。シンプルワンピースに素材感のあるアンゴラのロングカーディガンをはおって。差し色に鮮やかなブルーのタイツをプラスしてアクセントに。

〈 style 〉 08
赤いドレスを黒の細ベルトでブラウジング。ベルトでシルエットを変えるだけで、印象の変化を楽しめます。高め位置のウエストマークで目線を上げれば、バランスアップも狙えます。

〈 style 〉 09
ジャケットをラフにはおってモノトーンで統一。袖はロールアップしてこなれ感を演出するのがポイントです。きちんと感のある靴を合わせて、お仕事シーンにも活用できる着こなしにチェンジ。

〈 style 〉 10
裾が切りっぱなしのデニムスカート、アディダスのボリュームスニーカーを合わせて思いきりアクティブに。ニットキャップを加えれば、旬顔コーディネートにアップデートできます。

TOPS &
ONE-PIECE STYLE

PARTY

《style》 12

カラフル
バッグで
遊び心を
プラス

《style》 13

with a coat

《style》 14

I love one-piece.

《style》 11

白ソックスで
おしゃれ度アップ！

《style》 15

《style》11
ワンピースの上からトップスを重ねて着たレイアードスタイル。季節の変り目にもおすすめの着こなしテクニックです。まるでチェックのスカートを履いているようなスタイルに早変り。

《style》12
プティローブノアーの大ぶりネックレスと光沢のあるパンプスで、リネンワンピースをフォーマル仕様に格上げ。ジョーゼットのプリーツスカートを裾だけちら見せした異素材ミックス。

《style》13
ボーイズライクなデニムのオーバーオールを、ピンクとフリルのガーリー要素でふんわりやわらかな印象に。パンチの利いたスーザン ベルのナイロンバッグで個性をプラスしてもかわいいです。

《style》14
オーセンティックなトレンチコートで、ラフな着こなしを引き締めて。ナチュラルな雰囲気の赤いワンピースがドラマティックな装いに大変身。手首を見せて洗練された印象を演出。

《style》15
デニムのタイトスカートは、ダークなトーンを選んで落ち着いた雰囲気に。レオパード柄のパンプスに白ソックスを合わせて、コンサバになりすぎないようにまとめるのがポイントです。

21

B

ファスナーなしで、
縫うのも着るのもうれしい

PANTS
パンツ

ファスナーがなく腰回りにゆとりのあるパンツは、縫うのも着るのもとても楽ちんです。前にはツータック、ゴムテープを後ろだけに入れることで、トップスをウエストにインして着てもすっきりきちんと見えるような形を実現しました。ポケットも前後について実用的です。様々なテーストのパンツを楽しめる汎用性の高いパターンは4サイズ展開です。

B-a

白いパンツ
how to make ▶ p.68

トップスをインして履いたり、裾を無造作にロールアップしたり、合わせる服しだいで幾通りにも着こなしを楽しめる定番アイテムです。秋冬パターンとして、太畝のコーデュロイやツイード素材で作っても便利だと思います。

B-b

花柄ショートパンツ
how to make ▶ p.71

ビンテージ風の色あせた花柄が特徴的なキャベジズ ＆ ローゼズのファブリックを使ったショートパンツ。雰囲気のあるナチュラルカラーのリネン素材を選ぶことで、子どもっぽくならず落ち着いたアイテムに仕上がりました。

B-c

タックパンツ
how to make ▶ p.72

ベルト通しをつけ、裾に向かって細く、丈は少し短めにアレンジ。ウエストのタックと足首見せで着やせ効果も期待できます。光沢感のある目の詰まったリネンはきれいめな印象も与えてくれるので、きちんと感のあるスタイリングにもおすすめです。

B-d

オールインワン
how to make ▶ p.74

ウエスト部分からそのまま上に身頃を足せばオールインワンの出来上り。共布で作ったリボンでブラウジングをして、シルエットにメリハリを。肩ひもは後ろで結んで調整も簡単。華奢な蝶々結びもバックスタイルのポイントになっています。

B-e

ウール8分丈パンツ

how to make ▶ p.73

太いシルエットのまま、丈を8分でカット。
モード感のあるウールパンツを作りまし
た。センタープレスを入れればガラリと
違った表情に。シンプルなアイテムなの
で、何を合わせても簡単に洗練度の高
いコーディネートができ上がります。

B-f

サスペンダーパンツ

how to make ▶ p.76

やぼったくならないよう張りあるノンウォッシュのデニム素材を使って作りました。上級感漂う大人のカジュアル×シックスタイルにひと役買ってくれます。サスペンダーを外しても着られる2way仕様。パンツだけで履いてももちろんかわいい。

「私は、こう着る!」
佐藤かなのおしゃれ計画

B PANTS STYLE

ワードローブになくてはならないシンプルなパンツ。何しろ着回しの利く白いパンツはマスト。まず最初に作ってほしい一着です。後ろのウエスト部分だけがゴムで、前から見るとタックパンツなので、トップスをインするきれいめスタイルにもチャレンジしてみては。パンツや気分に合わせて、靴や靴下との相性を考えるのもまた楽しみの一つです。ショートパンツやオールインワン、サスペンダーパンツも自由に着こなしを楽しんでください。

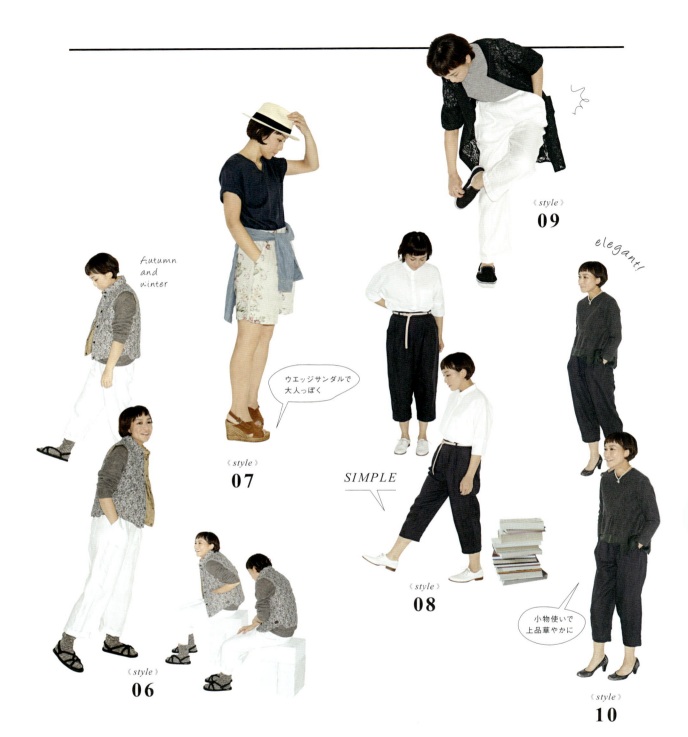

⟨style⟩ **06**
秋冬にも白いパンツは大活躍。コーデュロイのリバティプリント×ベージュのダウンベストはリバーシブルでとっても便利。なじみのよい茶系の小花柄を選べば、アウトドアアイテムも街仕様に。

⟨style⟩ **07**
花柄ショートパンツを、パナマハットとウェッジサンダルでリゾート感たっぷりのコーディネートに仕上げました。ウエストに巻いたデニムシャツと、程よい肌見せで大人のこなれ感を演出。

⟨style⟩ **08**
タックパンツに、小さめの衿＆ビッグシルエットがスタイリッシュなザラの白シャツを合わせたかっちりスタイル。薄いピンクの細ベルトと白い靴を合わせれば、全体が明るい印象に。

⟨style⟩ **09**
白いパンツにグレーのTシャツを合わせたシンプルスタイル。透け感のあるバルーンスリーブのレースコートをはおって、大人仕様にシフト。足もとはVANSのスリッポンでラフに仕上げるのが気分。

⟨style⟩ **10**
タックパンツを使ったエレガントスタイル。アンソールチベットのウールのトップスは、異素材のディテールがあしらわれてモード感たっぷり。ビジューネックレスで顔回りに華やぎをプラス。

PANTS STYLE

鮮やかな
ピンクのソックスを
ちら見せ

with a back pack

《 style 》
12

《 style 》
13

CASUAL

《 style 》
15

グレートーンに
キャッチーな小物で
アクセント

《 style 》
11

《 style 》
14

《 style 》**11**
オールインワンは、リブタートルニットをインナーにすれば秋冬にもどんどん着られます。グレーのワントーンコーデには、ネオンカラーの小物でエッジを効かせて。スニーカーはコンバース。

《 style 》**12**
サスペンダーパンツの足もとから、鮮やかなピンクのソックスをちら見せしたのがポイント。無印良品のカシミアストールで首もとにボリュームを出して、全体のバランスにメリハリを加えます。

《 style 》**13**
白いパンツにゴールドの箔押しポケットがおしゃれなプティローブノアーのリュックを合わせました。ナチュラルなネストローブのリネンブラウスとリュックのミスマッチ感を楽しむコーデです。

《 style 》**14**
タックパンツはラフなスタイルにもマッチします。ラフになりすぎないように、チェックシャツを腰に巻いて大人の抜け感をプラス。足もとはニューバランスのスニーカーで軽快に仕上げました。

《 style 》**15**
コズミックワンダーライトソースのトップスは、2つのパーツを組み合わせて着る個性的なデザイン。白いパンツは個性派アイテムとの相性も抜群です。ナチュラルなトーンで統一感を。

35

C
SKIRT
スカート

シンプルだからこそ、アレンジで魅せる

めいいっぱい寄せたボリュームが特徴の、存在感のあるスカート。シンプルなつくりなので、布地の素材や色、柄、またウエストの仕様や丈の長さを少しアレンジするだけでがらりと印象が変わります。ウエストゴムでリラックス感もありながら、品のある着こなしにも対応可能。定番ワードローブになること間違いなしです。ベルトのパターンは4サイズ展開。

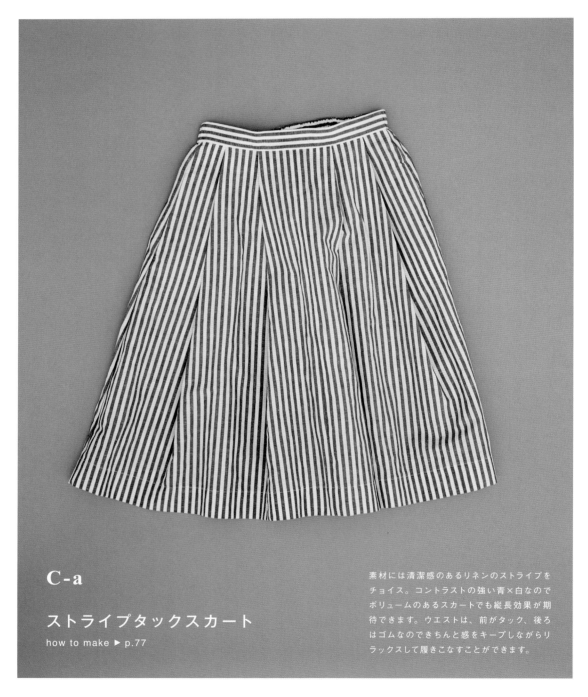

C-a
ストライプタックスカート
how to make ▶ p.77

素材には清潔感のあるリネンのストライプをチョイス。コントラストの強い青×白なのでボリュームのあるスカートでも縦長効果が期待できます。ウエストは、前がタック、後ろはゴムなのできちんと感をキープしながらリラックスして履きこなすことができます。

C-b

ピンクスカート
how to make ▶ p.80

目の覚めるようなきれいなピンクは私の大好きな色です。一見、敬遠してしまうような鮮やかな色ですが、ボトムであれば比較的取り入れやすく、さっぱりしたボーイズライクなアイテムと合わせるとそれほど子どもっぽくなりすぎず、あか抜けた印象に。

C-c

ロング巻きスカート
how to make ▶ p.82

大定番のリネン白スカートは、ロングの巻きスカートにして作りました。サイドにはリボンを結んで大人かわいく。合わせるトップスはカットソーやニットなど季節をまたいで何でもOKですが、今回は潔くシャツを合わせて真っ白コーデにチャレンジ。

C-d

幾何学柄スカート

how to make ▶ p.81

個性的なジュビリーの幾何学柄プリントをギャザースカートに。シンプルでカジュアルなアイテムと合わせるのがおすすめ。淡いカラリングなので派手すぎず、単調なコーディネートのアクセントになってくれるアイテムです。

C-e

リボンつきスカート
how to make ▶ p.84

ウエストのリボンがかわいいスカート。お好みで、結び目をサイドや後ろに持ってきてもOK。リバティプリントの花柄布地はシルクのように心地よい手触りでとてもしなやか。歩くたびにふんわり揺れる裾やリボンは、着る人の気分を軽やかにしてくれます。

C-f

タフタミニスカート
how to make ▶ p.86

光沢のある素材で作った華やかなミニスカートはオケージョンにも対応できるフォーマル仕様。形状記憶の布地を使い、裾には大きく見返しをつけたので、履くだけでニュアンスのあるシルエットがつくれます。丈を長く作ればぐっと大人っぽくエレガントな印象にも。

C-g

リバーシブルスカート
how to make ▶ p.87

2wayのリバーシブルスカートは黒×ギンガムチェックで。それぞれ、黒スカートの時にはポケットからチェックが、チェックスカートの時には裾から黒がのぞきます。同じコーディネートでも、たちまち違った表情に変化するのがうれしい。

「私は、こう着る!」
佐藤かなのおしゃれ計画

C SKIRT STYLE

大人が履けるボリュームスカートの着こなし提案です。素材の色や柄、特徴を生かしてバリエーションを見せています。ウエストがゴムなので、着心地も抜群。作り方も非常に簡単なのでぜひ何枚かそろえてみてください。同じスカートでもいろいろな着こなしが楽しめます。柄や布地、長さが違えばさらに着こなしの幅はどんどん広がります。

SKIRT STYLE

《style》 01
アデュートリステスの袖フリルニットを、スカートのウエストにイン。キーンのサンダルでアウトドアテーストを取り入れてアクティブに。赤×ピンクのトートバッグもハンドメードです。

《style》 02
グレーTシャツ×黒スカートのシンプルコーデは、ライン入りソックスとVANSのスリッポンを合わせておしゃれ度アップ。派手色クラッチバッグ投入で、自分らしいスクールテーストに。

《style》 03
エディットフォールルのMA-1はきゅっとコンパクトなサイズ感がポイント。着丈が短いのでボリュームスカートとの相性抜群。カーキ×パステルカラーの甘辛ミックスが楽しめるコーデです。

《style》 04
ニットチュニックとのレイアードで、スカートの裾だけ見せるテクニック。サンダルに厚手のソックスをゆるりと履いて、リラックスした足もとに。他のスカートでも使える技です。試してみて。

《style》 05
張りのあるミニスカートをカジュアルスタイルのはずしアイテムに。大好きなバンドTシャツと腰に巻いたネルシャツ、足もとはコンバースでグランジ風なスタイルの完成です。

《 style 》 **06**
ガーリーな白スカートは、パーカーとダウンベストでアウトドアミックスを楽しむ。イーリーキシモト×イーストパックのショルダーバッグをアクセントに。スニーカーはニューバランス。

《 style 》 **07**
レースのタイツが際立つ、タフタミニスカートを使ったフォーマルスタイル。ネイビー×黒の色合せ、プティローブノアーのイヤークリップで大人のかわいらしさをプラスして。夜の街へ出かけよう。

《 style 》 **08**
ピンクの裾をチラリ。シルバーのレースアップシューズがキラリ。エンフォルドのコクーンコートは7分袖で大人のスパイスがピリリ。絶妙なバランスでスタイリッシュな着こなしに。

《 style 》 **09**
羽衣のように軽やかなシルクのロープワンピースをさらりとはおって。淡いトーンのコーディネートを濃色ネイビーが縦長ラインに引き締めます。ゴールドのサンダルでひとくせプラス。

《 style 》 **10**
細身のピーコートとカスケットを合わせて冬のマリンスタイルの完成。さわやかな夏色ストライプも、あったかコーデにシフトチェンジ。ボリュームがあるから冬素材にも負けません。

SKIRT STYLE

《style》11
難易度高めなボーダー×ギンガムチェックの柄×柄コーデ。モノトーンでまとめれば上手に大人っぽく着こなせます。ロングブーツはあえてブラウンを選び、やわらかいイメージに。

《style》12
楽しげな幾何学模様をストイックな黒で引き締めるコーディネート。H&Mで見つけたモヘアのロングカーディガンは、シンプルながらも存在感抜群。柄スカートとの相性もばっちり。

《style》13
カール ドノヒューのファーストールをポイントに。切りっぱなしでアシメトリーなデザインは無造作にはおるだけでも雰囲気の出るすてきアイテムです。白のロングスカートを冬仕様に。

《style》14
スカートをベアトップに着回したスタイリングは、ウエストがゴムだからこそできる技。お気に入りのバンストック スピアーズのチュールつきニット帽と赤い靴でおめかしして。

D

重ね着しやすく、オールシーズン活躍

CAMISOLE
キャミソール

ゆとりのあるシルエットは重ね着仕様。夏はリネンを使ってすっきり涼しげに、冬はウールでほっこりと、とオールシーズン大活躍する万能アイテムです。胸下からのギャザーと華奢な肩ひもでやわらかな女性らしい印象を演出。繊細な生地を使えばフォーマル感漂うよそいきアイテムにもアレンジできます。

D-a

キャミソールドレス

how to make ▶ p.88

極めてシンプルな形ですが、ほんとうに便利なアイテム。なじみのよいモーブ色は春夏秋冬どんなアイテムとも相性◎。適度なゆとりがあり重ね着に最適なパターンです。下にパンツを合わせてエプロンドレスのようにして着るのもおすすめです。

D-b

ドットキャミソール

how to make ▶ p.91

透け感のあるジョーゼットと薄手の無地の布を2枚重ねにして作りました。肩ひもはテープを使って。素材しだいで様々なシフトチェンジが楽しめますよ、という一例です。ぜひ、いろいろな可能性を試してお気に入りのキャミソールを作ってみてください。

E きれいなドレープで、大人の雰囲気をまとう

GOUN
ガウン

長方形に穴をあけて袖をつけるだけ、という驚くほど簡単なパターンですが、腕を通してみるときれいなドレープの出る雰囲気抜群なアイテムです。ストールのように気軽に扱いやすいのも魅力。暖かな厚手のウール素材を使えばアウターとしても充分活躍してくれます。抜け感のあるコーディネートの仕上げにおすすめ。

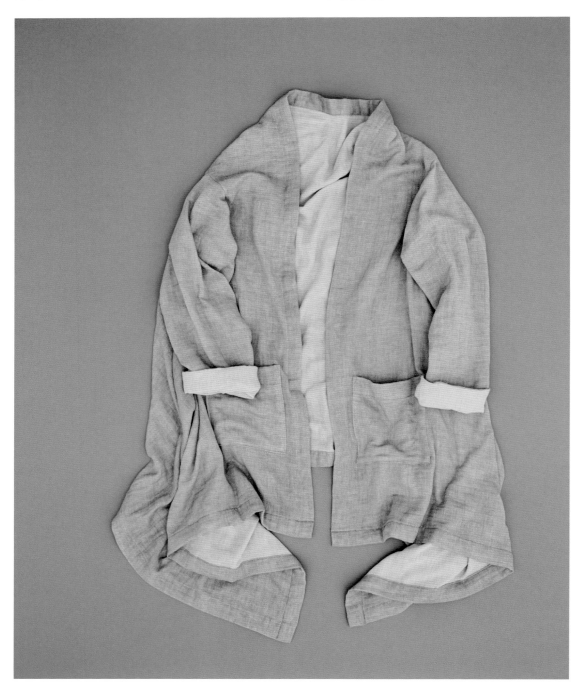

E-a

W ガーゼガウン
how to make ▶ p.92

柔らかな肌触りのダブルガーゼを使ったシンプルなガウン。色は、ナチュラルスタイルに欠かせないニュアンスのある薄いグレーで。軽くてしわも気にならないので持ち運びもとっても便利。夏のお出かけのお供にぜひ。

E-b

ウールガウン
how to make ▶ p.94

落ち着いた色柄と質感のウール地を使ってアウター仕様に。市販の幅広のテープをベルトとして使いました。肩からブランケットをはおるような感覚で着るイメージです。メンズライクなアイテムと合わせてマニッシュスタイルの味つけにも。

E-c

ショートガウン

how to make ▶ p.95

サイドから後ろにかけて布地を丸くカットし、自然な落ち感のショートガウンにアレンジしました。縁にはレースをつけて端正な大人ガーリーアイテムに。パンツスタイルに程よい甘さを加えて、バランスの妙を楽しんでください。

「私は、こう着る!」
佐藤かなのおしゃれ計画

重ね着を楽しむためのアイテムで、季節の変り目にも重宝します。個人的にはアウター仕様のアイテムがお気に入り。雰囲気のあるドレープも大人っぽくてすてきです。自由なレイアードスタイルを楽しんで。

D CAMISOLE
E & GOUN STYLE

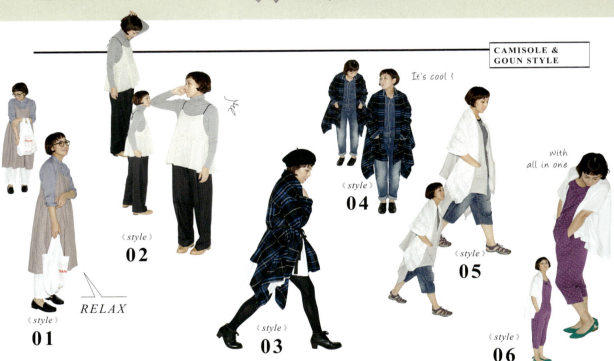

CAMISOLE & GOUN STYLE

《style》 01 RELAX
《style》 02
《style》 03
《style》 04 It's cool !
《style》 05
《style》 06 with all in one

《style》01
キャミソールドレスに、B-aの白いパンツをレイアードしたリラックスコーデです。シャツの袖をぐっとまくれば家事もすいすいとかどりそう。足もとはローファーで引き締めて。

《style》02
冬の定番グレーのリブタートルニットとマニッシュなストライプのワイドパンツを合わせたスタンダードなスタイル。ドットキャミソールで女らしさをひとさじ加えて表情変化。

《style》03
イノセントな真っ白いシャツドレスにチェック柄ガウンとベレーを合わせて、スクールガール気どり。ヒールのレースアップシューズで品のよさをプラスしてバランス調整すれば完璧。

《style》04
ともすると作業着みたいに見えがちなザラのデニムオールインワン。ドレープを効かせたガウンと、足首見せでエレガントに女性らしく。ストール感覚ではおれるのがうれしい。

《style》05
ガーゼガウンに総レースのストールを重ねて。総レースながら華美になりすぎないストールはトゥジューのもの。味のある色落ちをしたデニムのサルエルパンツでゆるコーデの完成。

《style》06
ビビッドな紫のサロペットと緑のサンダルにショートガウンを合わせて。程よい甘さが加わり、リズミカルなコーディネートになりました。ショートガウンは夏のはおりに大活躍。

56

HOW TO MAKE

KANA'S STANDARD
24 点の作り方

作り始める前に……

A トップス＆ワンピース

フリーサイズのゆったりしたパターンです。衿ぐりは頭のサイズ以上に大きくあいているので、そのままかぶって着られます。着丈は自分の気に入っている洋服の長さを参考にお好みで。ベルトやリボンでブラウジングすると、その分短くなりますので注意してください。

B パンツ

7、9、11、13号の4サイズのパターンがあります。出来上り寸法の「ウエスト（最大）」より自分のヒップ寸法が大きい場合は、はくことができないので、ウエスト寸法よりヒップ寸法に合わせてサイズを選ぶといいでしょう。

C スカート

前ベルトのみ7、9、11、13号の4サイズのパターンがあります。パンツと同様、出来上り寸法の「ウエスト（最大）」より自分のヒップ寸法が大きい場合は、はくことができないので、注意してください。

D キャミソール

フリーサイズです。出来上り寸法のバスト97cmより大きくしたい場合は、前後中心や脇で幅を足すといいでしょう。小さくしたい場合は、同じ位置でパターンをカットしてください。大きくする寸法によっては、裁合せ図と同じように裁断できなくなる場合もあります。

E ガウン

前後身頃はワンサイズですが、袖ぐりと袖が9、13号の2サイズになっています。細身の袖とゆったりめの袖が選べます。

私は身長165cm、一般的な9号サイズの体型です。作品はすべて9号サイズのパターンで製作して着ています。

材料の布地の使用量は、9号サイズのパターンで裁合せ図のとおりに配置した場合のものです。サイズの大きいパターンにする場合や、柄合せをする場合などは、使用量が多くなりますので、確認をしてから布地を購入しましょう。

A-a フリルつきトップス ▶ p.8

材料
表布（麻）110cm幅 2m
薄手接着芯（見返し分）90cm幅 20cm

出来上り寸法
バスト145cm、着丈52cm、袖丈23cm

裁合せ図
*指定以外の縫い代は1cm
▨は裏に接着芯をはる

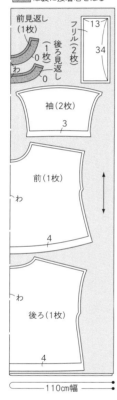

必要なパターン（実物大パターンB面）

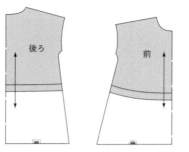
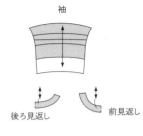

※フリルのパターン…裁合せ図で示した寸法を
直接布地にしるして裁つ

縫い方順序（1〜8）
準備：肩、脇、袖下、袖口の縫い代にジグザグミシンまたは
ロックミシンをかける

1 身頃の肩を縫う（→p.59）
2 見返しの肩を縫う（→p.59）
3 身頃に見返しを合わせて、衿ぐりを縫う（→p.59）
4 フリルにギャザーを寄せて、袖につける（→p.60）
5 袖を身頃につける（→p.60）
6 袖下と脇を続けて縫う（→p.60）
7 袖口を折って、奥をまつる（→p.61下）
8 裾を3cm幅の三つ折りにして縫う

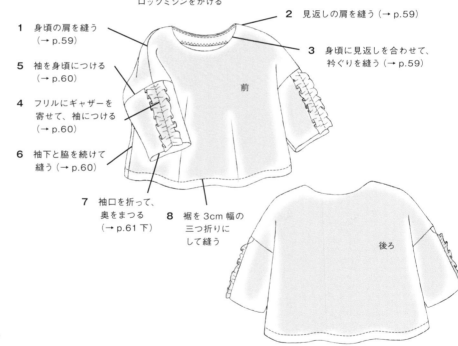

❗ なるほどPOINT
作りたいデザインが決まったら……

● **布地を選びます**
縫いやすく、仕上りのいい中肉から少し厚手の布がおすすめ。柔らかい麻、コットンならダンガリー、薄手デニム、ギンガム、ウールならフラノ、ツイードなどから始めてみましょう。柄物の場合は、柄合せをしなくてもいい小花柄やドット柄で。p.16のチェックの大きさになると脇で柄を合せます。

● **布幅は確認を**
布地は素材や織りによって90cm幅、110〜120cm幅、142〜150cm幅など様々です。作り方ページの材料欄の布幅より、選んだ布地の布幅が狭い場合は、パターンの配置が変わり、必要量が足りなくなる場合があります。そんな時は、お店の人に相談してみるのもいい方法です。

● **材料はそろっていますか？**
縫っている途中で作業が中断しないように、材料は布地を購入したときに一緒にそろえておきましょう。材料欄に示してある接着芯、接着テープ、ゴムテープ、ボタン、布地に合ったミシン糸など。

1　身頃の肩を縫う

2　見返しの肩を縫う

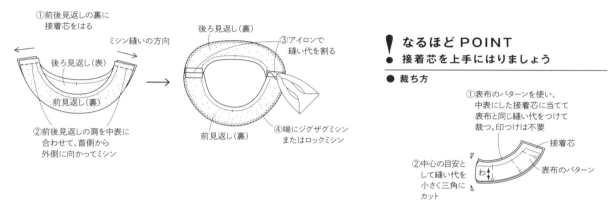

3　身頃に見返しを合わせて、衿ぐりを縫う

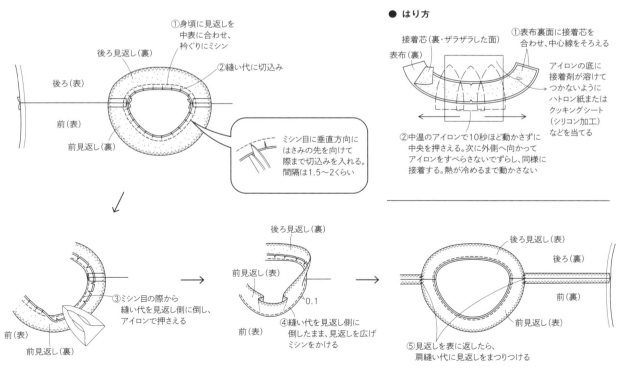

4　フリルにギャザーを寄せて、袖につける

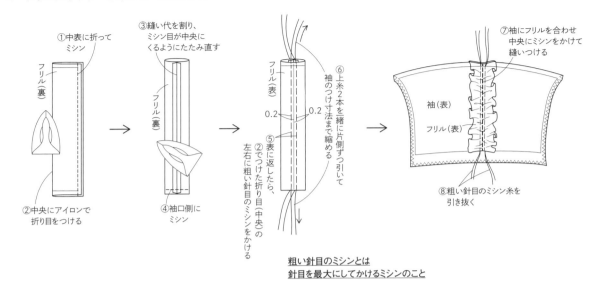

5　袖を身頃につける

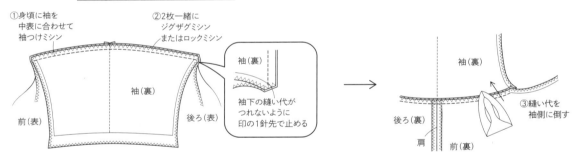

6　袖下と脇を続けて縫う

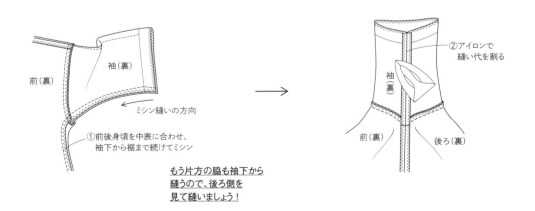

A-b シンプルワンピース ▶ p.10

材料
表布(麻) 110cm幅 3m
薄手接着芯(見返し分) 90cm幅 20cm
接着テープ(前ポケット口分) 1.5cm幅を40cm

出来上り寸法
バスト145cm、着丈98cm、袖丈33cm

裁合せ図
＊指定以外の縫い代は1cm
　　　は裏に接着芯、接着テープをはる

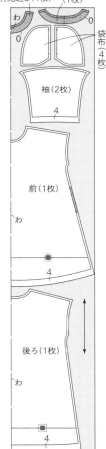

必要なパターン(実物大パターンB面)

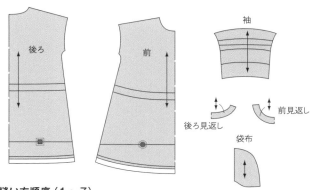

縫い方順序(1〜7)
準備:肩、脇、袋布の脇、袖下の縫い代にジグザグミシンまたはロックミシンをかける

1 身頃の肩を縫う(→p.59)
2 見返しの肩を縫う(→p.59)
3 身頃に見返しを合わせて、衿ぐりを縫う(→p.59)
4 袖を身頃につける(→p.60)
5 袖下と脇を続けて縫って、ポケットを作る(→p.60＋p.63)
6 袖口を3cm幅の三つ折りにして縫う
7 裾を三つ折りにして縫う

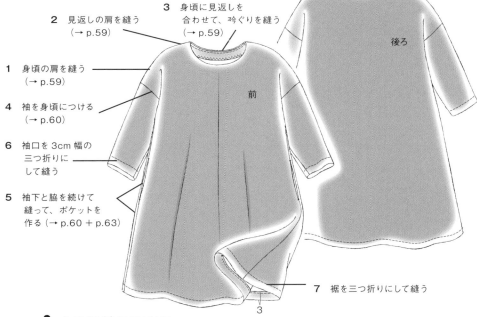

なるほどPOINT
裾や袖口の始末はお好みで

● **ロックミシンと二つ折りミシン**
とにかく簡単に軽く仕上げたい場合。
①布端にロックミシン ②ステッチ

● **ロックミシンと奥まつり**
丁寧に、柔らかく目立たなく仕上げたい場合。

● **三つ折りミシン**
ステッチをきかせてしっかり仕上げたい場合。
①アイロンで折る ②ステッチ

● **巻きロックミシン**
ミシンの機能をフル活用して薄い布地もきれいに、早く仕上げたい場合。
布端をひと折りして巻き込みながら縁をかがってくれる

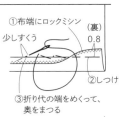

①布端にロックミシン
少しすくう
②しつけ
③折り代の端をめくって、奥をまつる

A-c 赤いドレス ▶ p.12

材料
表布（麻）110cm幅 3.1m
薄手接着芯（見返し分）90cm幅 20cm
接着テープ（前ポケット口分）1.5cm幅を40cm
ボタン 直径2cmを2個

出来上り寸法
バスト145cm、着丈101cm、袖丈7cm

裁合せ図

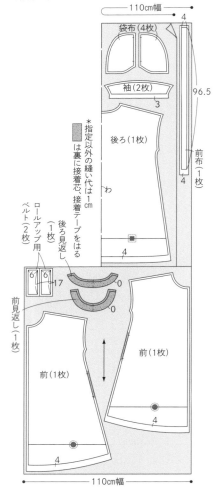

必要なパターン（実物大パターン B面）

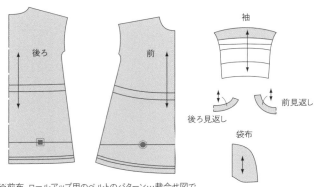

※前布、ロールアップ用のベルトのパターン…裁合せ図で
示した寸法を直接布地にしるして裁つ

縫い方順序（1〜9）

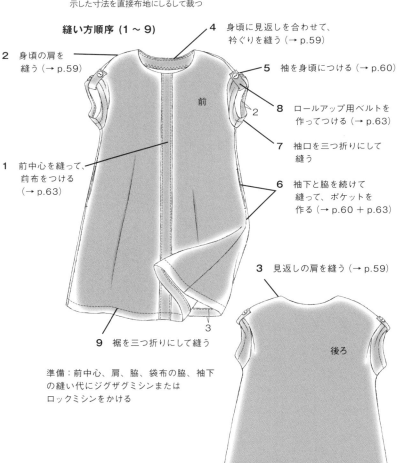

1 前中心を縫って、前布をつける（→p.63）
2 身頃の肩を縫う（→p.59）
3 見返しの肩を縫う（→p.59）
4 身頃に見返しを合わせて、衿ぐりを縫う（→p.59）
5 袖を身頃につける（→p.60）
6 袖下と脇を続けて縫って、ポケットを作る（→p.60＋p.63）
7 袖口を三つ折りにして縫う
8 ロールアップ用ベルトを作ってつける（→p.63）
9 裾を三つ折りにして縫う

準備：前中心、肩、脇、袋布の脇、袖下の縫い代にジグザグミシンまたはロックミシンをかける

1 前中心を縫って、前布をつける

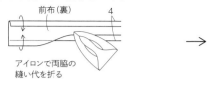
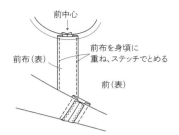

6 袖下と脇を続けて縫って、ポケットを作る

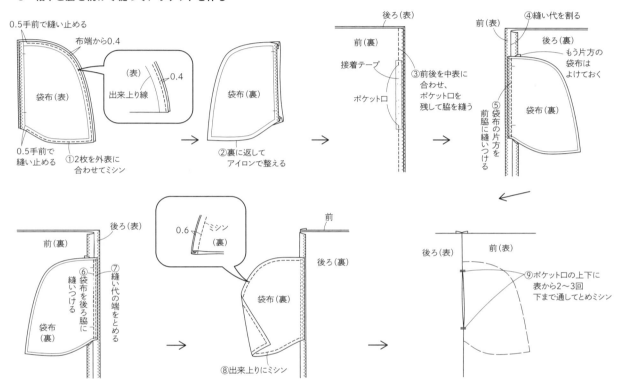

8 ロールアップ用ベルトを作ってつける

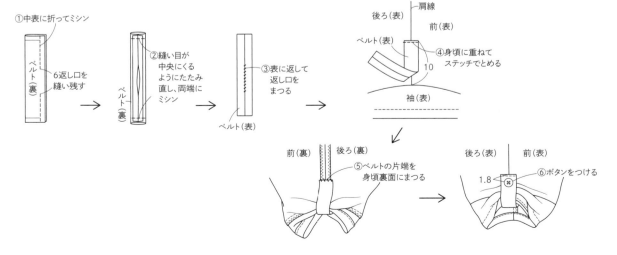

A-e レースつきブラウス ▶ p.15

材料
表布（麻）110cm幅 1.5 m
薄手接着芯（見返し分）90cm幅 20cm
パイピングテープ（衿ぐり分）1cm幅を70cm
レース 7cm幅を2.4 m

出来上り寸法
バスト145cm、
着丈（裾のレースを除く）47cm、
袖丈 14cm

必要なパターン（実物大パターン B面）

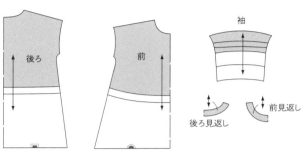

裁合せ図
＊指定以外の縫い代は1cm
　　　は裏に接着芯をはる

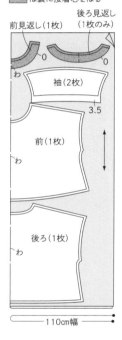

縫い方順序（1～7）
準備：肩、脇、袖下の縫い代にジグザグミシンまたは
ロックミシンをかける

1 身頃の肩を縫う（→p.59）
2 見返しの肩を縫う（→p.59）
3 身頃と見返しにパイピングテープをはさんで、衿ぐりを縫う（→p.59＋p.65）
4 袖山にレースを仮どめし、身頃につける（→p.60＋p.65）
5 裾を折って、レースをつける（→p.65）
6 袖下と脇を続けて縫う（→p.60＋p.64）
7 袖口を2.5cm幅の三つ折りにして縫う

6　袖下と脇を続けて縫う

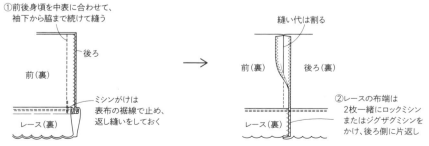

64

3　身頃と見返しにパイピングテープをはさんで、衿ぐりを縫う

4　袖山にレースを仮どめし、身頃につける

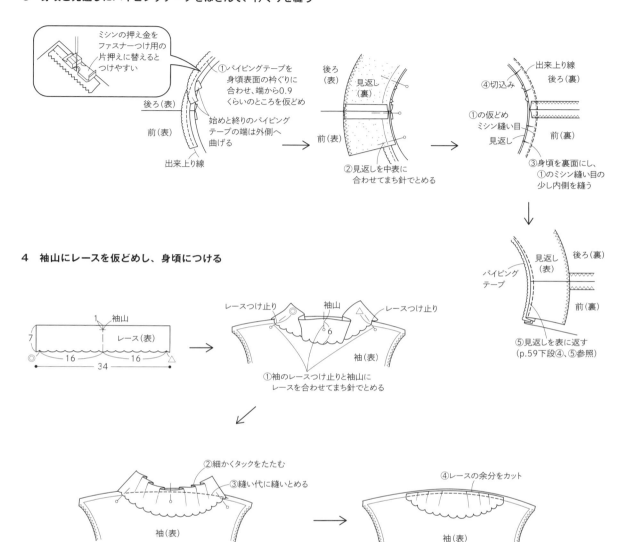

5　裾を折って、レースをつける

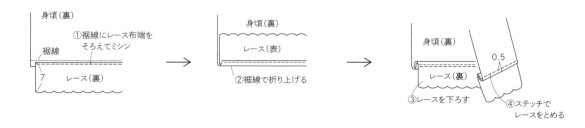

A-d ショルダーギャザーワンピース ▶ p.14

材料
表布（コットン）110cm幅 2.5m
別布（薄手コットン）15×20cm
薄手接着芯（見返し分）90cm幅 20cm
接着テープ（前ポケット口分）1.5cm幅を40cm
リボン 0.8cm幅を1.8m

出来上り寸法
バスト145cm、着丈96cm

必要なパターン（実物大パターン B面）

※リボン通し布のパターン…裁合せ図で示した寸法を直接布地にしるして裁つ

縫い方順序（1～7）
準備：肩、脇、袋布の脇の縫い代にジグザグミシンまたはロックミシンをかける

1 身頃の肩を縫う（→ p.59）
2 見返しの肩を縫う（→ p.59）
3 身頃に見返しを合わせて、衿ぐりを縫う（→ p.59）
4 袖ぐりを三つ折り端ミシンで始末する
5 肩にリボン通し布をつけ、リボンを通す（→ p.66）
6 脇を縫って、ポケットを作る（→ p.63）
7 裾を三つ折りにして縫う

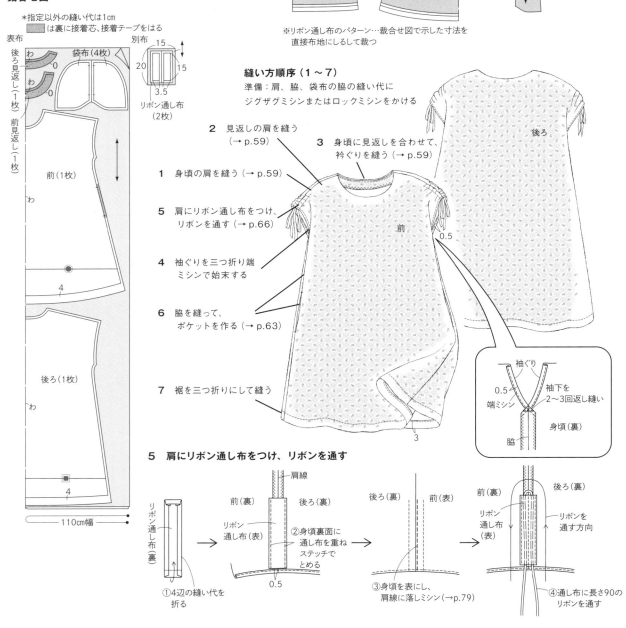

A-f リボンつきチェックワンピース ▶ p.16

材料
表布（ラメ入りガーゼ）112cm幅 2.9 m
※柄合せが必要な場合は多めに用意する。
薄手接着芯（見返し分）90cm幅 20cm
接着テープ（前ポケット口分）1.5cm幅を 40cm

出来上り寸法
バスト145cm、袖丈11cm、着丈98cm

縫い方順序（1〜8）
準備：肩、脇、袋布の脇、袖下、袖口の縫い代にジグザグミシンまたはロックミシンをかける

1 身頃の肩を縫う（→p.59）
2 見返しの肩を縫う（→p.59）
3 身頃に見返しを合わせて、衿ぐりを縫う（→p.59）
4 袖を身頃につける（→p.60）
5 袖下と脇を続けて縫って、ポケットを作る（→p.60＋p.63）
6 袖口を折って縫い、カフスをたたむ（→p.67）
7 裾を三つ折りにして縫う
8 リボンを作る（→p.85）

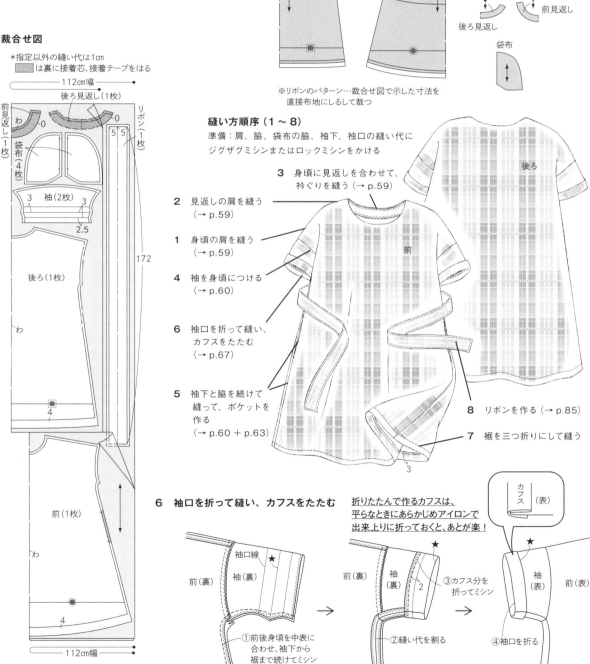

B-a 白いパンツ ▶ p.22

材料
表布（麻）150cm幅 1.9m
薄手接着芯（前ベルト分）10×50cm
接着テープ（前ポケット口分）1.5cm幅を40cm
ゴムテープ 3.5cm幅を 7号22cm / 9号25cm /
11号28cm / 13号31cm

出来上り寸法（7号 / 9号 / 11号 / 13号）
ウエスト約 65cm / 68cm / 71cm / 74cm、
ウエスト（最大）93cm / 96cm / 99cm / 102cm、
ヒップ 111cm / 114cm / 117cm / 120cm、
パンツ丈 97cm

必要なパターン（実物大パターン A面）

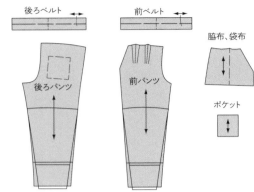

裁合せ図
＊指定以外の縫い代は1cm
■は裏に接着芯、接着テープをはる

縫い方順序（1〜9）
準備：股下の縫い代にジグザグミシンまたはロックミシンをかける

1 後ろポケットを作ってつける（→p.69）
2 前ポケットを作る（→p.69）
3 タックをたたむ（→p.69）
4 脇を縫う（→p.70）
5 股下を縫う（→p.70）
6 裾を三つ折りにして縫う（→p.70）
7 股上を前後続けて縫う（→p.70）
8 ベルトの脇を縫う（→p.70）
9 ベルトをパンツにつけ、ゴムテープを通す（→p.70 + p.79）

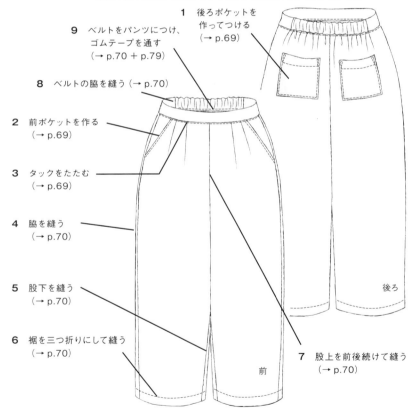

！なるほどPOINT
裾は縫う前に折り上げておきます

パンツやスカートの裾や袖口は、輪に仕立ててからだと折り代がうまく折れない場合があります。布地が平らな状態のときに折って折り目をつけておけば、あとの裾上げがとてもスムーズです。脇や股下にも折り目をつけてその位置を縫っておけば、折り上げた縫い代もぴったりおさまります。

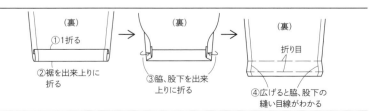

1　後ろポケットを作ってつける

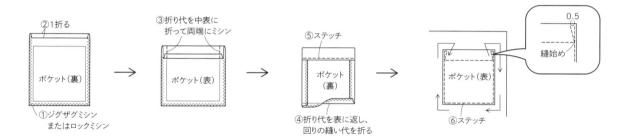

2　前ポケットを作る（右ポケットの縫い方）

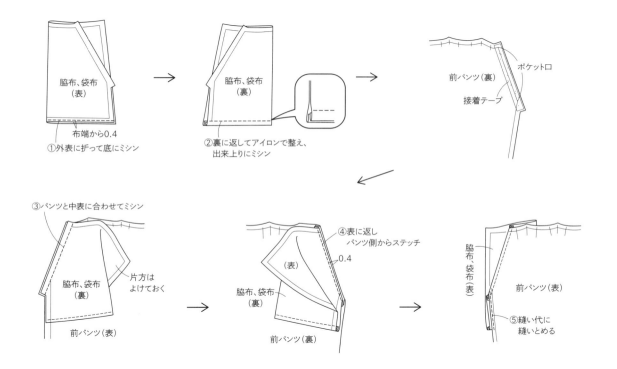

3　タックをたたむ

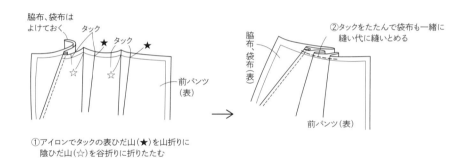

4 脇を縫う
5 股下を縫う

6 裾を三つ折りにして縫う
7 股上を前後続けて縫う

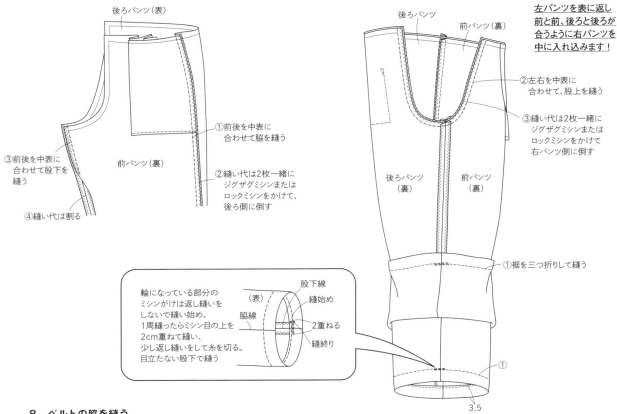

8 ベルトの脇を縫う

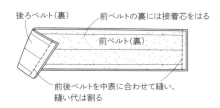

9 ベルトをパンツにつけ、ゴムテープを通す

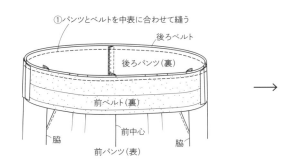
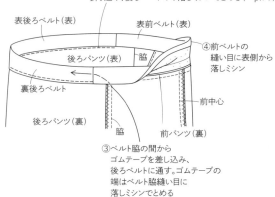

B-b 花柄ショートパンツ ▶ p.24

材料
表布（麻）140cm幅 1.1 m
薄手接着芯（前ベルト分）10×50cm
接着テープ（前ポケット口分）1.5cm幅を40cm
ゴムテープ 3.5cm幅を 7号22cm／9号25cm／
11号28cm／13号31cm

出来上り寸法（7号／9号／11号／13号）
ウエスト約 65cm／68cm／71cm／74cm、
ウエスト（最大）93cm／96cm／99cm／102cm、
ヒップ 111cm／114cm／117cm／120cm、
パンツ丈 44cm

必要なパターン（実物大パターンＡ面）

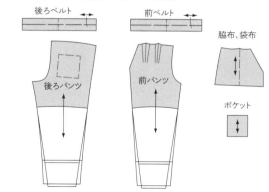

裁合せ図

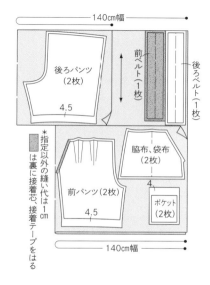

縫い方順序（1～9）
準備：股下の縫い代にジグザグミシンまたはロックミシンをかける

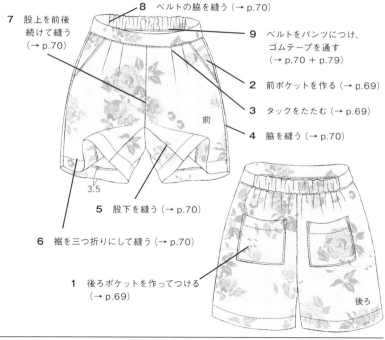

1 後ろポケットを作ってつける（→p.69）
2 前ポケットを作る（→p.69）
3 タックをたたむ（→p.69）
4 脇を縫う（→p.70）
5 股下を縫う（→p.70）
6 裾を三つ折りにして縫う（→p.70）
7 股上を前後続けて縫う（→p.70）
8 ベルトの脇を縫う（→p.70）
9 ベルトをパンツにつけ、ゴムテープを通す（→p.70＋p.79）

❗ なるほどPOINT
安心してミシン縫いができる印つけ

ミシンに慣れていないし、縫う線がしっかり見えないと不安……そんなかたには両面チョークペーパーでの印つけがおすすめ。2枚の布に一度に出来上り線の印がつけられます。

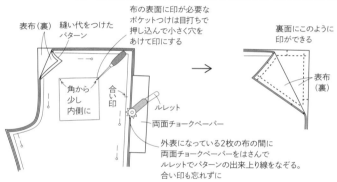

B-c タックパンツ ▶ p.25

材料
表布（麻）110cm幅 2.1 m
薄手接着芯（前ベルト分）10×50cm
接着テープ（前ポケット口分）1.5cm幅を40cm
ゴムテープ 3.5cm幅を7号 22cm／9号 25cm／
11号 28cm／13号 31cm

出来上り寸法（7号／9号／11号／13号）
ウエスト約 65cm／68cm 71cm／74cm、
ウエスト（最大）93cm／96cm／99cm／102cm、
ヒップ 111cm／114cm／117cm／120cm、
パンツ丈 82cm

裁合せ図

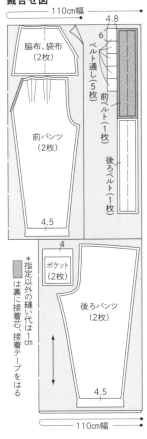

必要なパターン（実物大パターンA面）

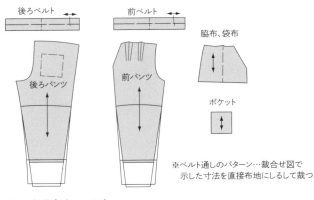

※ベルト通しのパターン…裁合せ図で
示した寸法を直接布地にしるして裁つ

縫い方順序（1〜11）
準備：股下の縫い代にジグザグミシン
またはロックミシンをかける

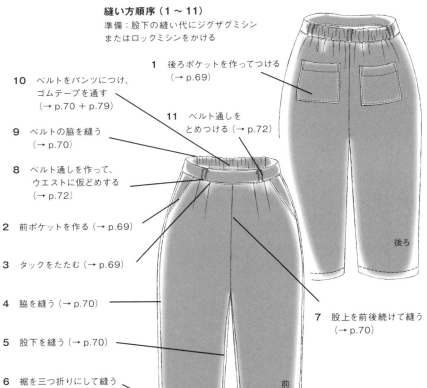

1 後ろポケットを作ってつける（→p.69）
2 前ポケットを作る（→p.69）
3 タックをたたむ（→p.69）
4 脇を縫う（→p.70）
5 股下を縫う（→p.70）
6 裾を三つ折りにして縫う（→p.70）
7 股上を前後続けて縫う（→p.70）
8 ベルト通しを作って、ウエストに仮どめする（→p.72）
9 ベルトの脇を縫う（→p.70）
10 ベルトをパンツにつけ、ゴムテープを通す（→p.70 + p.79）
11 ベルト通しをとめつける（→p.72）

8 ベルト通しを作って、ウエストに仮どめする

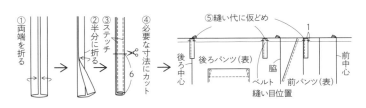

11 ベルト通しをとめつける

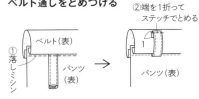

B-e ウール8分丈パンツ ▶ p.28

材料
表布（ウール）150㎝幅 1.8 m
裏布（前パンツ分）90㎝幅 70㎝
薄手接着芯（前ベルト分）10×50㎝
接着テープ（前ポケット口分）1.5㎝幅を40㎝
ゴムテープ 3.5㎝幅を 7号 22㎝ / 9号 25㎝ /
11号 28㎝ / 13号 31㎝

出来上り寸法（7号 / 9号 / 11号 / 13号）
ウエスト約65㎝ / 68㎝ / 71㎝ / 74㎝、
ウエスト（最大）93㎝ / 96㎝ / 99㎝ / 102㎝、
ヒップ111㎝ / 114㎝ / 117㎝ / 120㎝、
パンツ丈80㎝

必要なパターン（実物大パターン A 面）

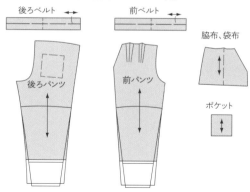

裁合せ図
＊指定以外の縫い代は1㎝
▨は裏に接着芯、接着テープをはる

表布

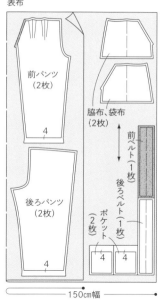

裏布

縫い方順序（1〜10）
準備：股下の縫い代にジグザグミシン
またはロックミシンをかける

2 後ろポケットを作ってつける（→p.69）
10 ベルトをパンツにつけ、ゴムテープを通す（→p.70＋p.79）
9 ベルトの脇を縫う（→p.70）
3 前ポケットを作る（→p.69）
4 タックをたたむ（→p.69）
1 前パンツの裏布の裾を始末し、表布と重ねる（→p.73）
5 脇を縫う（→p.70）
6 股下を縫う（→p.70）
7 裾を3㎝幅の三つ折りにして縫う（→p.70）
8 股上を前後続けて縫う（→p.70）

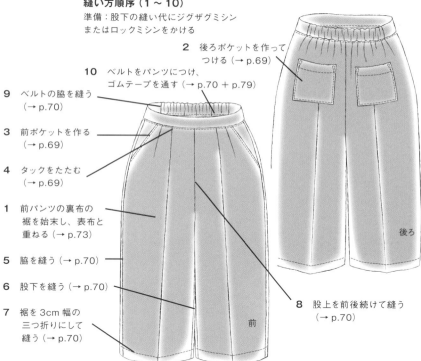

1 前パンツの裏布の裾を始末し、表布と重ねる

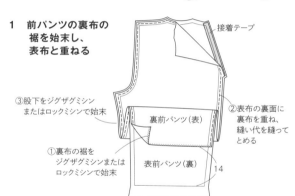

パンツの着脱ぎがしやすく、また、歩いたときの足さばきがいいように前パンツのみに裏布をつける、裏打ちという方法。縫い始める前に表布と裏布を重ね、あとは1枚の表布として縫い進めます！

B-d オールインワン ▶ p.26

材料
表布（綿ローン）110cm幅 2.6m
※13号の場合はパンツの横でリボンがとれないのでプラス1.8m必要となる。
接着テープ（前ポケット口分）1.5cm幅を40cm
ゴムテープ 0.6cm幅を 7号 65cm / 9号 68cm / 11号 71cm / 13号 74cm

出来上り寸法（7号/9号/11号/13号）
バスト 93cm / 96cm / 99cm / 102cm、
ウエスト約 65cm / 68cm / 71cm / 74cm
ウエスト（最大）93cm / 96cm / 99cm / 102cm、
ヒップ 111cm / 114cm / 117cm / 120cm、
パンツ丈 82cm

必要なパターン（実物大パターン A 面）

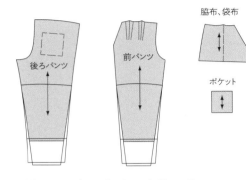

※前後身頃、肩ひも、布ループ、リボン、リボン通しのパターン…
裁合せ図で示した寸法を直接布地にしるして裁つ

裁合せ図
＊指定以外の縫い代は1cm
▨ は裏に接着テープをはる

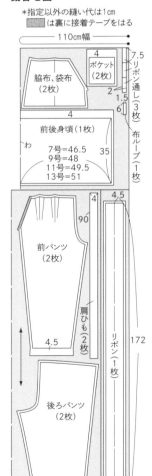

縫い方順序（1～13）
準備：身頃の後ろ中心、股下の縫い代にジグザグミシンまたはロックミシンをかける

1 後ろポケットを作ってつける（→p.69）
2 前ポケットを作る（→p.69）
3 タックをたたむ（→p.69）
4 脇を縫う（→p.70）
5 股下を縫う（→p.70）
6 裾を三つ折りにして縫う（→p.70）
7 股上を前後続けて縫う（→p.70）
8 肩ひも、布ループを作る
9 身頃の後ろ中心を縫う（→p.75）
10 身頃上端を三つ折りにして縫い、ゴムテープを通す（→p.75）
11 身頃とパンツを縫い合わせる（→p.75）
12 リボン通しを作ってつける（→p.75）
13 リボンを作る（→p.85）

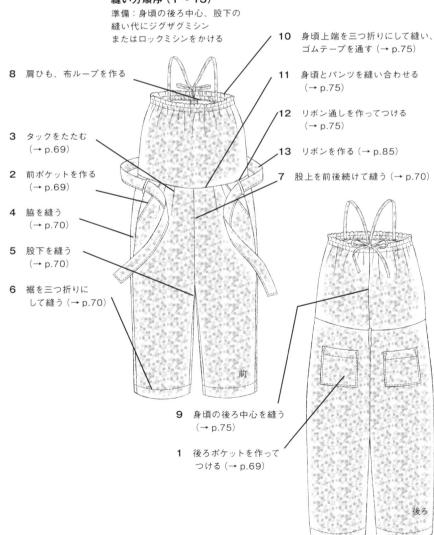

9　身頃の後ろ中心を縫う

10　身頃上端を三つ折りにして縫い、ゴムテープを通す

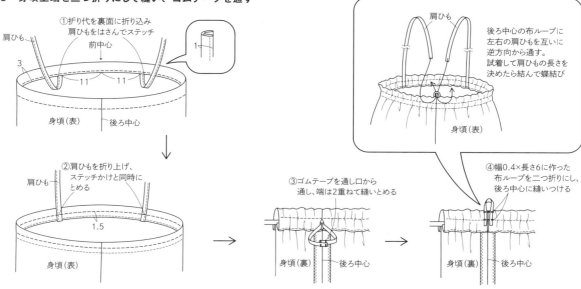

11　身頃とパンツを縫い合わせる

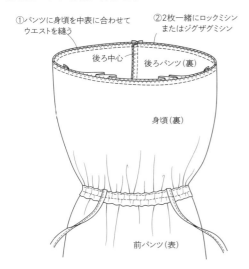

12　リボン通しを作ってつける

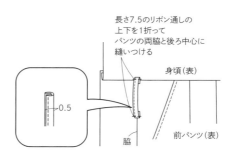

B-f サスペンダーパンツ ▶ p.30

材料
表布（ノンウォッシュデニム）110cm幅 2.5m
薄手接着芯（前ベルト分）10×50cm
接着テープ（前ポケット口分）1.5cm幅を40cm
ゴムテープ3.5cm幅を7号22cm/9号25cm/
11号28cm/13号31cm
ボタン 直径2cmを4個　丸ゴムひも16cm

出来上り寸法（7号/9号/11号/13号）
ウエスト約65cm/68cm/71cm/74cm、
ウエスト（最大）93cm/96cm/99cm/102cm、
ヒップ111cm/114cm/117cm/120cm、
パンツ丈98.5cm

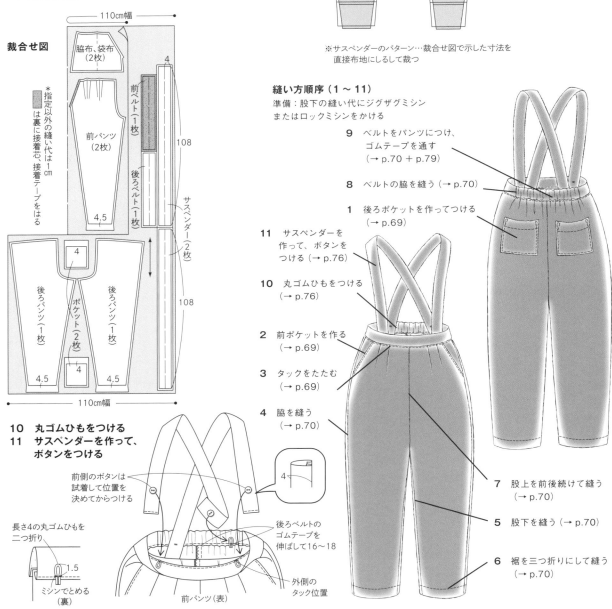

C-a ストライプタックスカート ▶ p.36

材料
表布（麻）110cm幅 3.1 m
薄手接着芯（前ベルト分）10×40cm
接着テープ（前ポケット口分）1.5cm幅を40cm
ゴムテープ 3.5cm幅を7号33cm／9号36cm／
11号39cm／13号42cm

出来上り寸法
（7号／9号／11号／13号）
ウエスト約 65cm／68cm／71cm／74cm、
ウエスト（最大）132.5cm／134cm／135.5cm／137cm、
スカート丈 66.5cm

裁合せ図
＊指定以外の縫い代は1cm
▨ は裏に接着芯、接着テープをはる

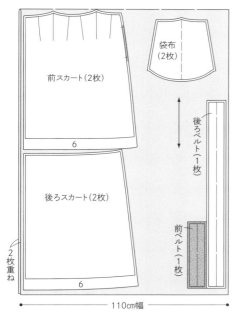

必要なパターン（実物大パターン C、D面）

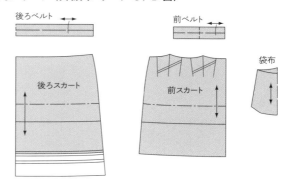

縫い方順序（1～6）
準備：スカートの前後中心と脇、袋布の脇の縫い代に
ジグザグミシンまたはロックミシンをかける

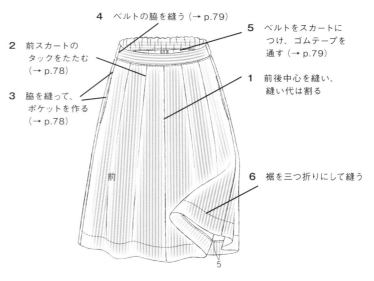

1 前後中心を縫い、縫い代は割る
2 前スカートのタックをたたむ（→p.78）
3 脇を縫って、ポケットを作る（→p.78）
4 ベルトの脇を縫う（→p.79）
5 ベルトをスカートにつけ、ゴムテープを通す（→p.79）
6 裾を三つ折りにして縫う

! なるほどPOINT
スカートの幅は4サイズとも同じです

● 前ベルトだけ4サイズ展開です
前後スカートの幅は4サイズとも共通です。タックの幅や
ギャザーの分量を変えて、それぞれのサイズに合うウエスト
寸法に仕上げます。大きいサイズのタックやギャザーが少な
くなるという訳ですが、全体のボリュームが変わらないよう
にしてあるのです。

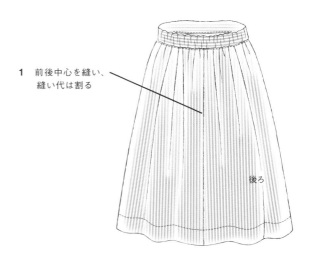

1 前後中心を縫い、縫い代は割る

2　前スカートのタックをたたむ

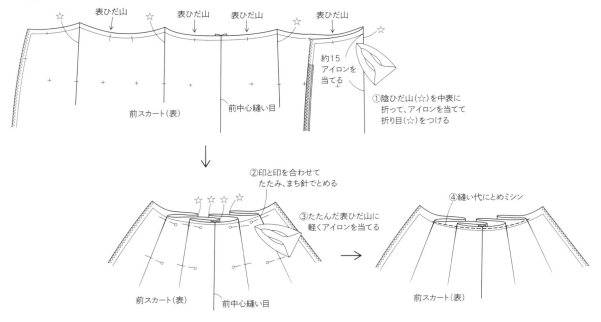

3　脇を縫って、ポケットを作る

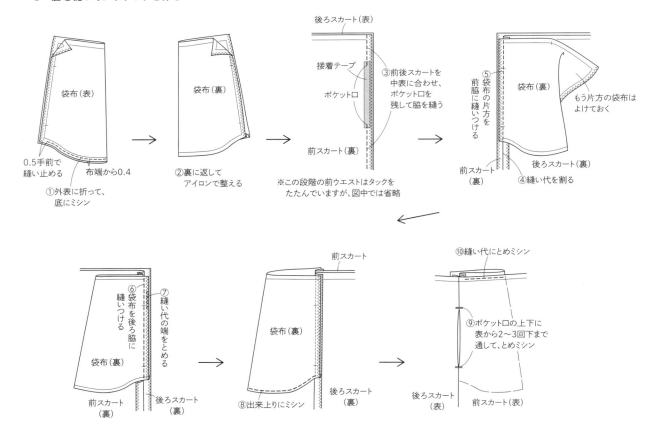

4 ベルトの脇を縫う

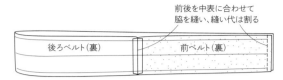

5 ベルトをスカートにつけ、ゴムテープを通す

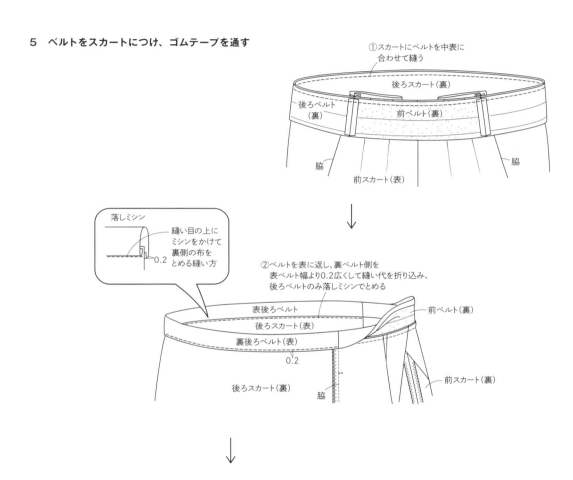

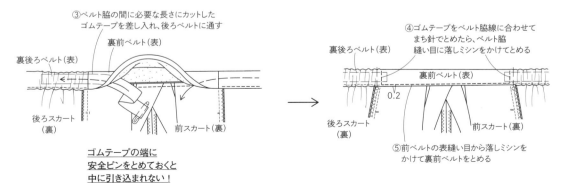

C-b ピンクスカート ▶ p.37

材料
表布（麻）125cm幅 2.6 m
薄手接着芯（前ベルト分）10×40cm
接着テープ（前ポケット口分）1.5cm幅を40cm
ゴムテープ 3.5cm幅を 7号 33cm / 9号 36cm /
11号 39cm / 13号 42cm

出来上り寸法（7号 / 9号 / 11号 / 13号）
ウエスト約 65cm / 68 / 71 / 74cm、
ウエスト（最大）132.5cm / 134 / 135.5 / 137cm、
スカート丈 66.5cm

必要なパターン（実物大パターンC、D面）

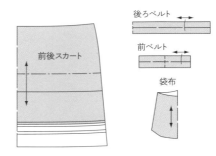

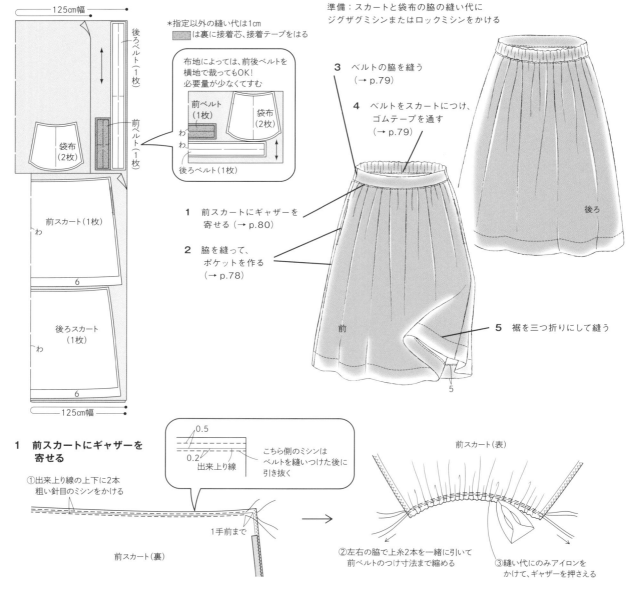

C-d 幾何学柄スカート ▶ p.39

材料
表布（コットンプリント）110cm幅 3.1m
裏布（コットン無地）110cm幅 2.9m
接着テープ（前ポケット口分）1.5cm幅を40cm
ゴムテープ 3.5cm幅を7号 67cm／9号 70cm／
11号 73cm／13号 76cm

出来上り寸法（7号／9号／11号／13号）
ウエスト約 65cm／68cm／71cm／74cm、
ウエスト（最大）200cm、
スカート丈 67.5cm

必要なパターン（実物大パターン C、D 面）

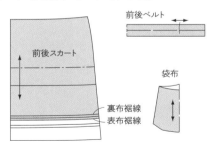

裁合せ図
＊指定以外の縫い代は1cm
▨は裏に接着テープをはる

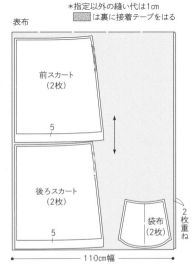

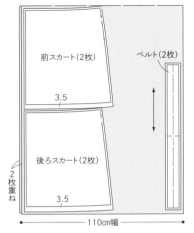

縫い方順序（1～9）
準備：表裏スカートの前後中心と脇、袋布の脇の縫い代にジグザグミシンまたはロックミシンをかける

1 表スカートの前後中心を縫い、縫い代は割る
2 表スカートの脇を縫って、ポケットを作る（→p.78）
3 表スカートの裾を三つ折りにして縫う
4 裏スカートの前後中心を縫い、縫い代は左側に片返しする
5 裏スカートの脇を縫い、縫い代は後ろ側に片返しする
6 裏スカートの裾を三つ折りにして縫う
7 ベルトの脇を縫う（→p.85）
8 表スカートと裏スカートを合わせて、ベルトをつける（→p.81＋p.85）
9 ウエストにゴムテープを通す

8 表スカートと裏スカートを合わせて、ベルトをつける

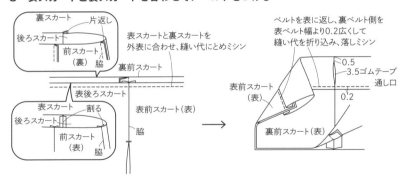

C-c ロング巻きスカート ▶ p.38

材料
表布(麻) 125cm幅 3.1m
薄手接着芯(ベルト分) 20×65cm
接着テープ(前ポケット口分) 1.5cm幅を40cm
スナップ 直径1.5cmを2組み

出来上り寸法
(7号/9号/11号/13号)
ウエスト 68cm/71cm/74cm/77cm、
スカート丈 81.5cm

裁合せ図
*指定以外の縫い代は1cm
▨ は裏に接着芯、接着テープをはる

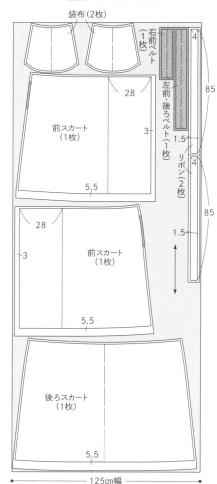

必要なパターン(実物大パターン C、D面)

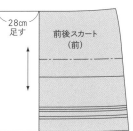

※リボンのパターン…裁合せ図で示した寸法を
直接布地にしるして裁つ

縫い方順序 (1〜7)
準備:スカートと袋布の脇の縫い代に
ジグザグミシンまたはロックミシンをかける

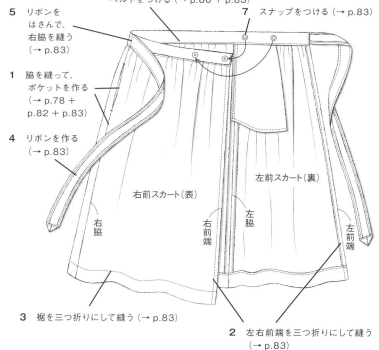

6 スカートにギャザーを寄せて、ベルトをつける(→p.80 + p.83)
7 スナップをつける(→p.83)
5 リボンをはさんで、右脇を縫う(→p.83)
1 脇を縫って、ポケットを作る(→p.78 + p.82 + p.83)
4 リボンを作る(→p.83)
3 裾を三つ折りにして縫う(→p.83)
2 左右前端を三つ折りにして縫う(→p.83)

1 脇を縫って、ポケットを作る

基本的にp.78を参照し、①〜⑨まで縫う。
p.83の 2〜5 まで進み、6でスカートにギャザーを寄せたら、
p.78 ⑩のスカートと袋布を合わせて縫い代にとめミシンをする。
袋布にはギャザーを寄せない

2 左右前端を三つ折りにして縫う
3 裾を三つ折りにして縫う

4 リボンを作る

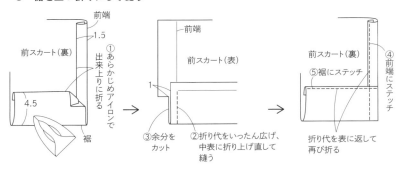
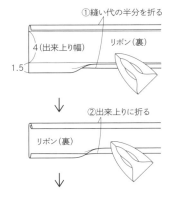

5 リボンをはさんで、右脇を縫う

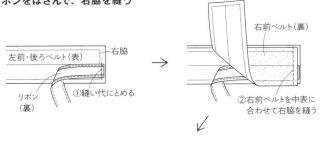
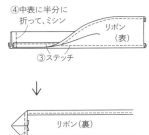

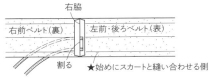

6 スカートにギャザーを寄せて、ベルトをつける

7 スナップをつける

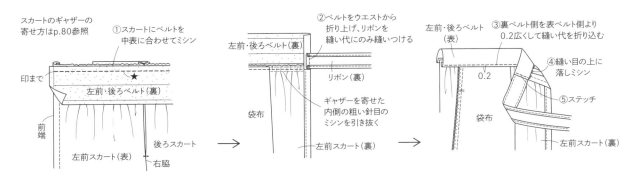

C-e リボンつきスカート ▶ p.40

材料
表布（綿ローン）110cm幅 3.1 m
接着テープ（前ポケット口分）1.5cm幅を 40cm
ゴムテープ 0.6cm幅を約 1.3〜1.5 m

出来上り寸法（7号/9号/11号/13号）
ウエスト約 65cm/68cm/71cm/74cm、
ウエスト（最大）200cm、
スカート丈 66.5cm

必要なパターン（実物大パターン C、D面）

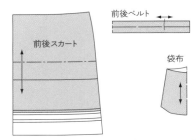

※リボンとリボン通しのパターン…裁合せ図で示した寸法を
直接布地にしるして裁つ

裁合せ図

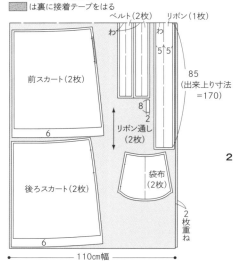

縫い方順序（1〜8）
準備：スカートの前後中心と脇、袋布の脇の
縫い代にジグザグミシンまたはロックミシンをかける

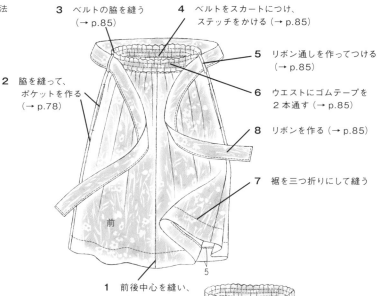

3 ベルトの脇を縫う（→ p.85）
4 ベルトをスカートにつけ、ステッチをかける（→ p.85）
5 リボン通しを作ってつける（→ p.85）
6 ウエストにゴムテープを2本通す（→ p.85）
2 脇を縫って、ポケットを作る（→ p.78）
8 リボンを作る（→ p.85）
7 裾を三つ折りにして縫う

1 前後中心を縫い、縫い代は割る

！なるほどPOINT
ミシン糸とミシン針

● **布に合わせて選びます**
きれいな縫い目に仕上げるため、ミシン糸とミシン針は布地の厚さや素材に合わせて相性のいい太さを選びます。次の例を参考にして使い分けてみましょう。ミシン糸は、たいていの布に使えるポリエステルミシン糸「シャッペスパン」が丈夫で布地とのなじみがいいのでおすすめ。
薄手の布（綿ローン、ポリエステル）には90番のミシン糸で9番ミシン針、普通の布（リネン、コットン、ウール）には60番のミシン糸で11番ミシン針を使います。

● **色数の多い柄物のミシン糸の選び方**
縫い目が目立たないように布と同じ色目のものを選ぶのが基本ですが、柄物は中で多くつかわれている色を。購入するときは、売り場にある見本帳の糸1本を布にのせて、なじむ色を選びます。

3 ベルトの脇を縫う

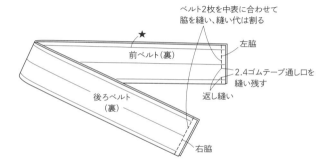

4 ベルトをスカートにつけ、ステッチをかける

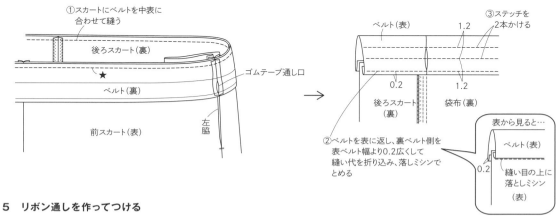

5 リボン通しを作ってつける

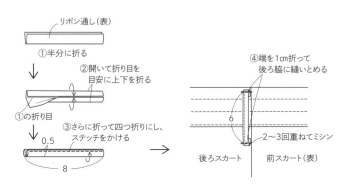

6 ウエストにゴムテープを2本通す

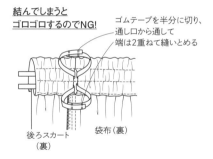

8 リボンを作る

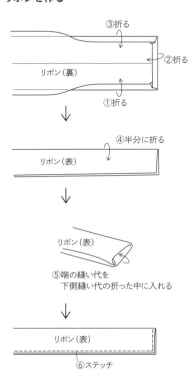

C-f タフタミニスカート ▶ p.42

材料
表布（形状記憶のポリエステルタフタ）152cm幅 1.7m
薄手接着芯（前ベルト分）10×40cm
接着テープ（前ポケット口分）1.5cm幅を40cm
ゴムテープ 3.5cm幅を 7号33cm／9号36cm／
11号39cm／13号42cm

出来上り寸法（7号／9号／11号／13号）
ウエスト約 65cm／68cm／71cm／74cm、
ウエスト（最大）132.5cm／134cm／135.5cm／137cm、
スカート丈 44.5cm

裁合せ図
＊指定以外の縫い代は1cm
▨ は裏に接着芯、接着テープをはる

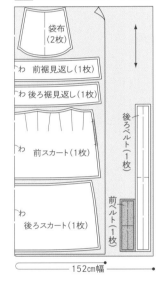

必要なパターン（実物大パターン C、D面）

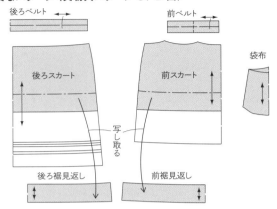

縫い方順序（1～6）
準備：スカートと袋布の脇の縫い代に
ジグザグミシンまたはロックミシンをかける

1 前スカートのタックをたたむ（→p.78）
2 スカートの脇を縫って、ポケットを作る（→p.78）
3 裾見返しの脇を縫う（→p.86）
4 裾に見返しをつける（→p.86）
5 ベルトの脇を縫う（→p.79）
6 ベルトをスカートにつけ、ゴムテープを通す（→p.79）

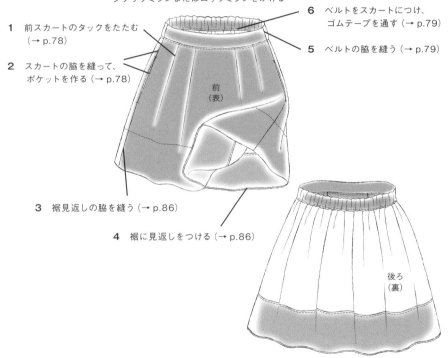

3 裾見返しの脇を縫う
4 裾に見返しをつける

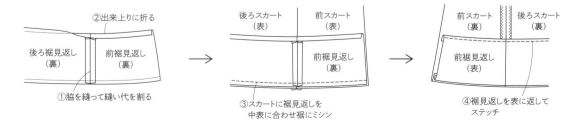

C-g リバーシブルスカート ▶ p.43

材料
表布（ポリエステルのチェック）148cm幅 2m
裏布（ハーフリネン）148cm幅 1.8m
接着テープ（前ポケット口分）1.5cm幅を80cm
ゴムテープ 0.6cm幅を約1.3〜1.5m

出来上り寸法（7号/9号/11号/13号）
ウエスト約 65cm/68cm/71cm/74cm、
ウエスト（最大）200cm、
表（チェック）スカート丈 71cm、
裏（無地）スカート丈 73cm

必要なパターン（実物大パターン C、D面）

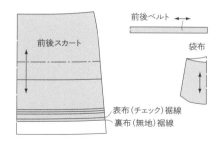

裁合せ図
＊指定以外の縫い代は1cm
▨ は裏に接着テープをはる

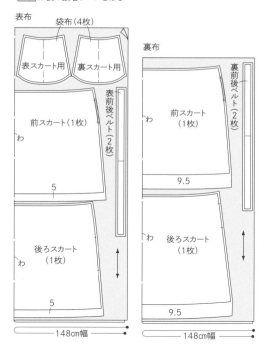

縫い方順序（1〜7）
準備：スカートと袋布の脇の縫い代に
ジグザグミシンまたはロックミシンをかける

6 表スカートと裏スカートを外表に合わせて、ベルトをつける（→ p.85 + p.87）
5 表、裏ベルトの脇を縫い、2枚を縫い合わせる（→ p.87）
3 裏スカートの脇を縫って、ポケットを作る（→ p.78）
1 表スカートの脇を縫って、ポケットを作る（→ p.78）
7 ウエストにゴムテープを2本通す（→ p.85）
4 裏スカートの裾を三つ折りにして縫う
2 表スカートの裾を三つ折りにして縫う

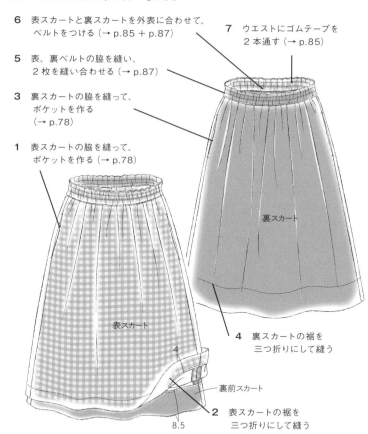

5 表、裏ベルトの脇を縫い、2枚を縫い合わせる

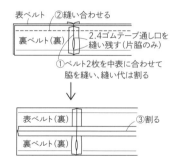

6 表スカートと裏スカートを外表に合わせて、ベルトをつける

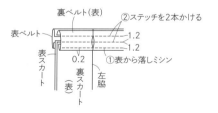

D-a キャミソールドレス ▶ p.48

材料
表布(麻) 110cm幅 2.4 m
接着テープ(衿ぐり、袖ぐり、前ポケット口分)
1.5cm幅を 2 m

出来上り寸法
バスト 97cm、着丈 105cm

裁合せ図

必要なパターン(実物大パターン C 面)

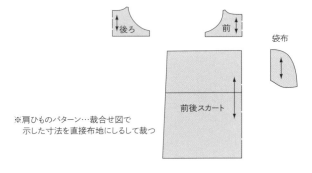

※肩ひものパターン…裁合せ図で
示した寸法を直接布地にしるして裁つ

縫い方順序(1～7)
準備:スカートと袋布の脇の縫い代に
ジグザグミシンまたはロックミシンをかける

1 肩ひもを作る(→ p.89)
2 前身頃の衿ぐりと袖ぐりを縫う(→ p.89)
3 後ろ身頃の衿ぐりと袖ぐりを縫う(→ p.90)
4 表身頃と裏身頃の脇を続けて縫う(→ p.90)
5 スカートの脇を縫って、ポケットを作る(→ p.63)
6 スカートにギャザーを寄せて、身頃と縫い合わせる(→ p.90)
7 裾にジグザグミシンまたはロックミシンをかけて折り、奥をまつる

1 肩ひもを作る

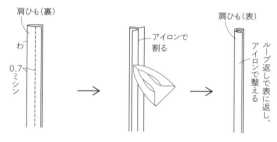

※2本作る

2 前身頃の衿ぐりと袖ぐりを縫う

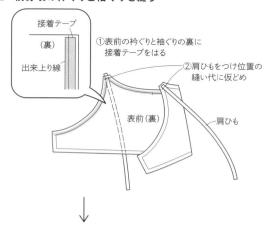

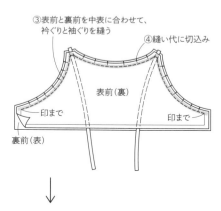

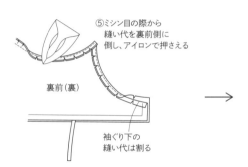

なるほどPOINT
接着テープ

接着テープは、テープ状の基布の片面に接着剤がついていて、アイロンで接着して使います。ミシン縫いで伸びてしまうことの多い衿ぐりや袖ぐり、ポケット口など布目が斜め（バイアス）になっているところにはります。表からは見えない脇役的素材ですが、ひと手間かけて仕上り度をアップさせましょう。

● 衿ぐり、袖ぐりにはる

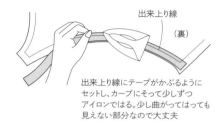

出来上り線にテープがかぶるようにセットし、カーブにそって少しずつアイロンではる。少し曲がってはっても見えない部分なので大丈夫

● ポケット口にはる

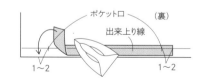

ポケット口の上下で1〜2cm長いテープを出来上り線にかぶるようにはる

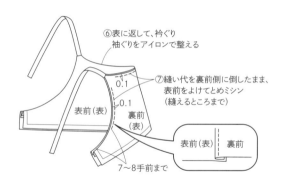

3 後ろ身頃の衿ぐりと袖ぐりを縫う

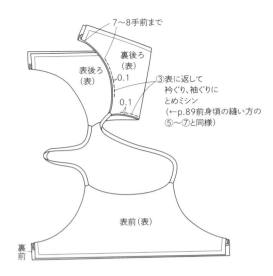

4 表身頃と裏身頃の脇を続けて縫う

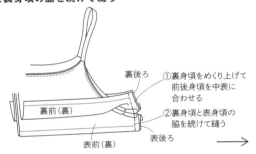

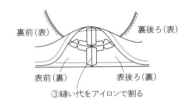

6 スカートにギャザーを寄せて、身頃と縫い合わせる

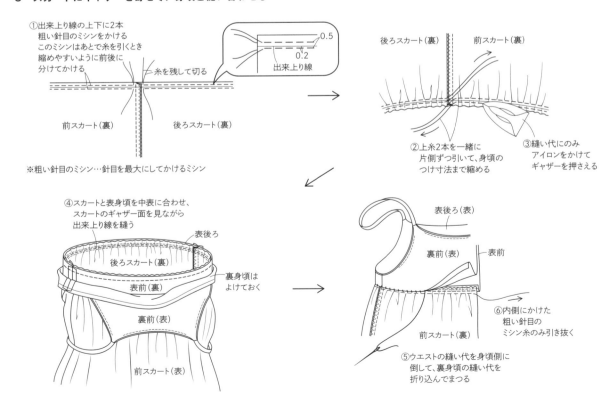

D-b ドットキャミソール ▶ p.50

材料
表布（ポリエステル）110cm幅 90cm
裏布（ポリエステル）110cm幅 90cm
接着テープ（衿ぐり、袖ぐり分）1.5cm幅を 1.6m
肩ひも用テープ 0.6cm幅を 1.2m

出来上り寸法
バスト 97cm、着丈 60.5cm

裁合せ図

必要なパターン（実物大パターン C 面）

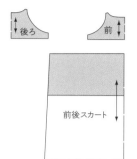

縫い方順序（1～7）
準備：表裏スカートの脇の縫い代にジグザグミシンまたはロックミシンをかける

1 前身頃の衿ぐりと袖ぐりを縫う（→ p.89 + p.91）
2 後ろ身頃の衿ぐりと袖ぐりを縫う（→ p.91）
3 表身頃と裏身頃の脇を続けて縫う（→ p.90）
4 表スカートの脇を縫い、縫い代は割る
5 表スカートの裾を巻きロックミシンで始末する
6 裏スカートの脇を縫い、縫い代は割る
7 裏スカートの裾を巻きロックミシンで始末する
8 表、裏スカートを外表に合わせてギャザーを寄せ、身頃と縫い合わせる（→ p.90 + p.91）

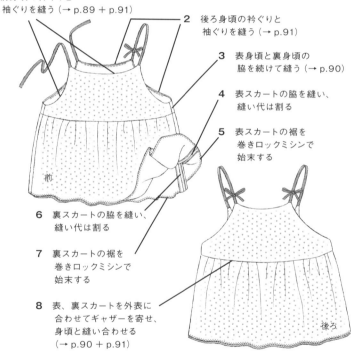

1 前身頃の衿ぐりと袖ぐりを縫う
2 後ろ身頃の衿ぐりと袖ぐりを縫う

8 表、裏スカートを外表に合わせてギャザーを寄せ、身頃と縫い合わせる

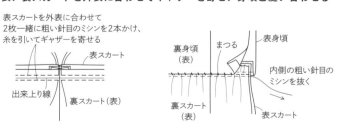

E-a　Wガーゼガウン ▶ p.52

材料
表布（ダブルガーゼ）110cm幅 2.7m

出来上り寸法
身頃はフリーサイズ、前丈約85cm、袖丈56cm
※袖ぐりのサイズは9号と13号の2サイズ

必要なパターン（実物大パターン D 面）

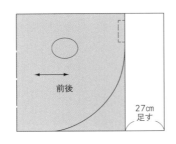
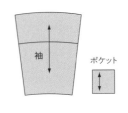

縫い方順序（1〜5）
準備：袖下の縫い代にジグザグミシンまたは
ロックミシンをかける

5　袖を身頃につける（→ p.93）
3　袖下を縫う（→ p.92）
4　袖口を三つ折りにして縫う（→ p.92）
1　ポケットを作ってつける（→ p.69）
2　前端、裾を三つ折りにして縫う（→ p.93）

裁合せ図

3　袖下を縫う
4　袖口を三つ折りにして縫う

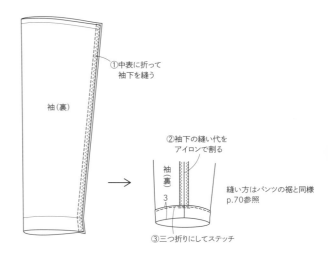

①中表に折って袖下を縫う
②袖下の縫い代をアイロンで割る
③三つ折りにしてステッチ

縫い方はパンツの裾と同様 p.70参照

2 前端、裾を三つ折りにして縫う

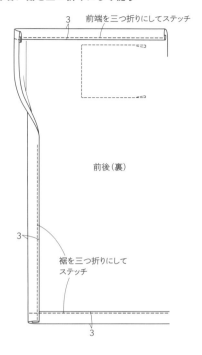

なるほどPOINT
きれいに折りたい三つ折り

三つ折りは折り代を2回折り上げて始末する方法。折り幅がそろうように、2回とも布端が折り上げられる位置にあらかじめガイドラインを引いておき、これに布端を合わせるようにしてアイロンで折ります。

5 袖を身頃につける

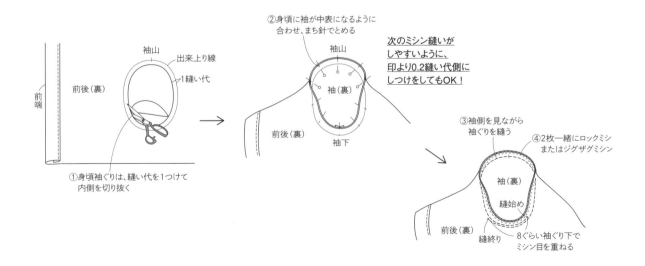

E-b ウールガウン ▶ p.54

材料
表布（ウール）150cm幅 2.1 m
テープ 3cm幅を 2.2 m

出来上り寸法
身頃はフリーサイズ、前丈約85cm、袖丈56cm
※袖ぐりのサイズは9号と13号の2サイズ

必要なパターン（実物大パターンD面）

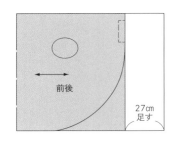
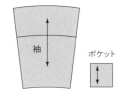

縫い方順序（1～5）
準備：袖下の縫い代にジグザグミシンまたは
ロックミシンをかける

裁合せ図
＊指定以外の縫い代は1cm

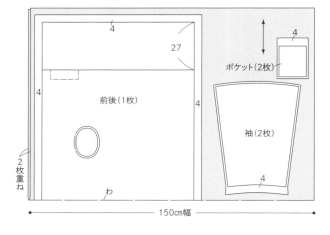

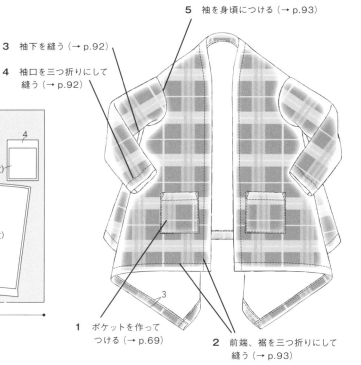

1 ポケットを作ってつける（→ p.69）
2 前端、裾を三つ折りにして縫う（→ p.93）
3 袖下を縫う（→ p.92）
4 袖口を三つ折りにして縫う（→ p.92）
5 袖を身頃につける（→ p.93）

❗ なるほどPOINT
額縁仕立てで、丁寧仕上げ

角の折り幅をきれいに仕上げる方法。特に三つ折りでの額縁仕立ては、
アイロンで一度きちんと出来上りの状態に折るのがポイント。

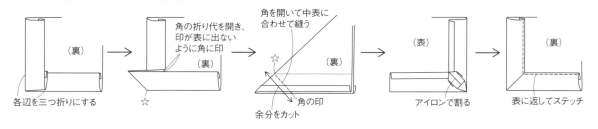

94

E-c ショートガウン ▶ p.55

材料
表布（綿ブロード）110㎝幅 1.8 m
レース 4.8㎝幅を 3.1 m、1.8㎝幅を 0.9 m

出来上り寸法
身頃はフリーサイズ、前丈約 58㎝、袖丈 20㎝
※袖ぐりのサイズは 9号と 13号の 2サイズ

必要なパターン（実物大パターン D 面）

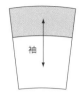

裁合せ図

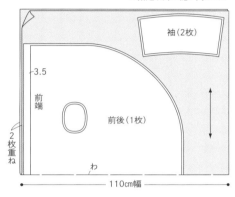

縫い方順序（1〜4）
準備：袖つけ以外の縫い代にジグザグミシンまたはロックミシンをかける

1 前端と裾を二つ折りにしてレースをつける
2 袖下を縫う（→ p.92）
3 袖口を折って、レースをつける（→ p.95）
4 袖を身頃につける（→ p.93）
前端と裾を二つ折りにしてレースをつける（→ p.95）

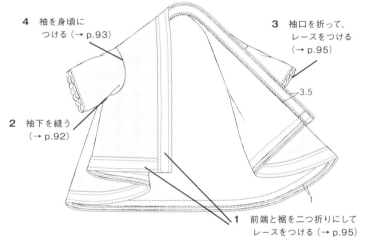

1　前端と裾を二つ折りにしてレースをつける

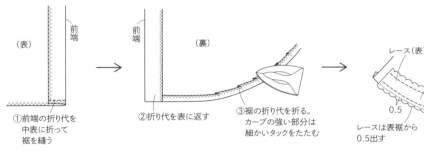

①前端の折り代を中表に折って裾を縫う
②折り代を表に返す
③裾の折り代を折る。カーブの強い部分は細かいタックをたたむ
④表裾にそわせてレースを重ね、ステッチでとめる
レースは表裾から0.5出す
カーブに合わせて細かいタック
レースの端は裏側に折る
⑤前端にレースを重ね、ステッチでとめる
レースは前端から0.5出す

3　袖口を折って、レースをつける

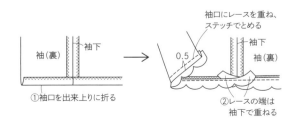
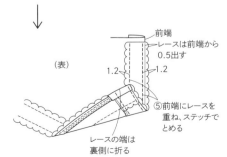

①袖口を出来上りに折る
②レースの端は袖下で重ねる
袖口にレースを重ね、ステッチでとめる

＜クレジット＞

p.10　**A-c**
帽子／サンテッリ フランチェスカ（ニーム 代官山店）

p.19　**A-01**
靴／コンジェ ペイエ アデュー トリステス

p.19　**A-02**
パンツ、靴／ともにコンジェ ペイエ アデュー トリステス

p.19　**A-04**
ストール／メゾンドソイル、
ニットパンツ／ソイル（ともにビューカリック＆フロリック）
靴／コンジェ ペイエ アデュー トリステス

p.20　**A-06**
ストール／メゾンドソイル（ビューカリック＆フロリック）
靴／コンジェ ペイエ アデュー トリステス

p.20　**A-07**
カーディガン／ティ ヤマイ パリ（ラインズシステム）

p.20　**A-09**
ジャケット／ネストローブ（ネストローブ 表参道店）
靴／コンジェ ペイエ アデュー トリステス

p.21　**A-11**
トップス／ティ ヤマイ パリ（ラインズシステム）
靴／ファビオ ルスコーニ ベル ワシントン（エッセイ ルミネ大宮店）

p.21　**A-13**
オーバーオール／ネストローブ（ネストローブ 表参道店）

p.23　**B-a**
トップス／アデュー トリステス ロワズィール（アデュー トリステス ロワズィール
代官山アドレス ディセ店）
靴／ラ メール ブルー（マリン フランセーズ ルミネ横浜店）

p.25　**B-c**
トップス／ティ ヤマイ パリ（ラインズシステム）

p.30　**B-f**
靴／ファビオ ルスコーニ ベル ワシントン（銀座ワシントン銀座本店）

p.33　**B-01**
カーディガン／ニーム（ニーム 代官山店）

p.33　**B-02**
靴／ファビオ ルスコーニ ベル ワシントン（銀座ワシントン銀座本店）

p.33　**B-05**
靴／ファビオ ルスコーニ ベル ワシントン（銀座ワシントン銀座本店）

p.34　**B-06**
ニット／ジョン タロック、
ダウンベスト／アーメン（ともにビューカリック＆フロリック）

p.35　**B-13**
靴／ファビオ ルスコーニ（エッセイ ルミネ大宮店）

p.37　**C-b**
トップス／ YAECA（YAECA APARTMENT STORE）

p.38　**C-c**
シャツ／ YAECA（YAECA APARTMENT STORE）

p.39　**C-d**
トップス ／アデュー トリステス ロワズィール（アデュー トリステス ロワズィール
代官山アドレス ディセ店）

p.43　**C-g**
トップス／マリン フランセーズ（マリン フランセーズ ルミネ横浜店）

p.45　**C-02**
クラッチバッグ／ニーム（ニーム 代官山店）

p.45　**C-04**
チュニック、中に着たタンクトップ／ともにヴラス ブラム（ヴラス ブラム 目黒店）

p.46　**C-07**
靴／ファビオ ルスコーニ ベル ワシントン（銀座ワシントン銀座本店）

p.46　**C-09**
ローブワンピース／ YAECA（YAECA APARTMENT STORE）

p.47　**C-10**
靴／マリオン テュッフェ（ルラクサスィヨン 玉川髙島屋 S・C 店）

p.47　**C-11**
ニット／ソイル（ビューカリック＆フロリック）

p.47　**C-13**
靴／コンジェ ペイエ アデュー トリステス

p.49　**D-a**
靴／マリオン テュッフェ（ルラクサスィヨン 玉川髙島屋 S・C 店）

p.50　**D-b**
トップス／ヴラス ブラム（ヴラス ブラム 目黒店）

p.56　**D-01**
シャツ／ベネッツレーンシャツ（ビューカリック＆フロリック）
靴／ファビオ ルスコーニ（エッセイ ルミネ大宮店）

p.56　**D-02**
靴／コンジェ ペイエ アデュー トリステス

p.56　**D-03**
シャツドレス／アデュー トリステス
靴／コンジェ ペイエ アデュー トリステス

＜ショップリスト＞

アデュー トリステス　tel.03-6861-7658
アデュー トリステス ロワズィール 代官山アドレス ディセ店　tel.03-3770-2605
エッセイ ルミネ大宮店　tel.048-645-3280
銀座ワシントン銀座本店（プレスルーム）tel.03-5442-6162
コンジェ ペイエ アデュー トリステス　tel.03-6861-7658
ニーム 代官山店　tel.03-3463-0526
ネストローブ 表参道店　tel.03-6438-0717
ビューカリック＆フロリック　tel.03-5794-3553
ヴラス ブラム 目黒店　tel.03-5724-3719
マリン フランセーズ ルミネ横浜店 tel.045-548-5652
YAECA APARTMENT STORE　tel.03-5708-5586
ラインズシステム　tel.03-6418-5545
ルラクサスィヨン 玉川髙島屋 S・C 店　tel.03-5797-3226

こちらの情報は、2015 年 2 月現在のものです。

＜布地提供＞

A-a、b、c、e　B-a、c　C-a　D-a　E-c

チェック＆ストライプ　自由が丘店

東京都目黒区緑が丘 2-24-13-105　tel.03-6421-3200

http://checkandstripe.com

A-d

ソレイアード（サンヒット）

埼玉県八潮市大曽根 693-1　tel.048-997-3031

http://www.rakuten.ne.jp/gold/souleiado-shop/

A-f　D-b

四季　東京都渋谷区代々木 3-22-1 文化学園内　tel.03-3299-2065

B-b

キャベジズ＆ローゼズ 渋谷ヒカリエ ShinQs 店

東京都渋谷区渋谷 2-21-1 渋谷ヒカリエ ShinQs 5F　tel.03-6434-1642

http://www.cabbagesandroses.jp

B-d　C-b、c、e

コットンカフェサンカクヤ　奈良県香芝市真美ヶ丘 1-13-10　tel.0745-76-4161

http://www.rakuten.co.jp/sankakuya/

B-e、f　E-b

孝富　東京都渋谷区代々木 3-22-1 文化学園内　tel.03-3299-2044

C-d（プリントのみ）

トライ・アム　サンカクヤ　福岡市西区内浜 1-15-43　tel.092-884-2816

http://www.sankakuya.org

ジュビリー（コッカ）　大阪市中央区備後町 2-4-6　tel.06-6201-2572

http://kokka-fabric.com

C-g（ハーフリネンのみ）

大塚屋　名古屋市東区葵 3-1-24　tel.052-935-4531

http://otsukaya.co.jp

E-a

清原　大阪市中央区南久宝寺町 4-5-2　tel.06-6252-4371

http://www.kiyohara.co.jp

＜糸提供＞

ミシン糸＝シャッペスパン 60 番、ロックミシン糸＝ハイスパンロック 90 番

フジックス　京都市北区平野宮本町 5　tel.075-463-8113

http://www.fjx.co.jp

本書で使用した布地は 2014 年に販売されていたものです。売切れの場合はご容赦ください。

佐藤かな　Kana Sato

スタイリスト。
東京生れ。明治学院大学文学部フランス文学科卒業。
スタイリスト梅山弘子氏に師事し、その後独立。雑誌や広告などを中心に活
躍。裁縫好きとしても知られ、雑誌やワークショップで紹介する手作り服は
センスがいいと評判に。プライベートの着こなしもファン多数。
著書『佐藤かなさんのナチュラルおしゃれ入門』（宝島社）がある。

ブックデザイン	林 瑞穂
撮影	田村昌裕（FREAKS）
スタイリング	佐藤かな
ヘアメイク	吉川陽子
パターン	芳我佳恵
製作協力	佐藤明子
作り方解説	山村範子
トレース	day studio ダイラクサトミ
パターングレーディング	上野和博
パタントレース	アズワン（白井史子）
校閲	向井雅子
編集	薫森亮子（p.1 ～ 56）
	大沢洋子（文化出版局）

KANA'S STANDARD
スタイリスト佐藤かなの
簡単に作れて、とことん使える日常着

2015 年　2 月 23 日　第 1 刷発行

著　者　　佐藤かな
発行者　　大沼 淳
発行所　　学校法人文化学園 文化出版局
　　　　　〒 151-8524
　　　　　東京都渋谷区代々木 3-22-1
　　　　　電話 03-3299-2489（編集）
　　　　　　　 03-3299-2540（営業）
印刷・製本所　　株式会社文化カラー印刷

©Kana Yamagiwa 2015　Printed in Japan
本書の写真、カット及び内容の無断転載を禁じます。

・本書のコピー、スキャン、デジタル化等の無断複製は著作権法上での例外を除き、禁じられています。本書を代行業者等の第三
者に依頼してスキャンやデジタル化することは、たとえ個人や家庭内での利用でも著作権法違反になります。
・本書で紹介した作品の全部または一部を商品化、複製頒布、及びコンクールなどの応募作品として出品することは禁じられています。
・撮影状況や印刷により、作品の色は実物と多少異なる場合があります。ご了承ください。

文化出版局のホームページ　http://books.bunka.ac.jp/